乡村振兴战略理论与旅游经济发展研究

熊 锦 林晓丽 庞 华 ◎著

中国商务出版社
·北京·

图书在版编目（CIP）数据

乡村振兴战略理论与旅游经济发展研究 / 熊锦，林晓丽，庞华著. -- 北京：中国商务出版社，2023.5
ISBN 978-7-5103-4710-8

Ⅰ. ①乡… Ⅱ. ①熊… ②林… ③庞… Ⅲ. ①农村－社会主义建设－研究－中国②旅游业发展－研究－中国 Ⅳ. ①F320.3②F592.3

中国国家版本馆 CIP 数据核字(2023)第 096142 号

乡村振兴战略理论与旅游经济发展研究
XIANGCUN ZHENXING ZHANLÜE LILUN YU LVYOU JINGJI FAZHAN YANJIU
熊锦　林晓丽　庞华　著

出　　版	中国商务出版社
地　　址	北京市东城区安外东后巷28号　　邮　编：100710
责任部门	外语事业部（010-64283818）
责任编辑	李自满
直销客服	010-64283818
总 发 行	中国商务出版社发行部　（010-64208388　64515150）
网购零售	中国商务出版社淘宝店　（010-64286917）
网　　址	http://www.cctpress.com
网　　店	https://shop595663922.taobao.com
邮　　箱	347675974@qq.com
印　　刷	北京四海锦诚印刷技术有限公司
开　　本	787毫米×1092毫米　1/16
印　　张	10.75	字　数：222千字
版　　次	2024年4月第1版	印　次：2024年4月第1次印刷
书　　号	ISBN 978-7-5103-4710-8
定　　价	69.00元

凡所购本版图书如有印装质量问题，请与本社印制部联系（电话：010-64248236）

版权所有　盗版必究（盗版侵权举报可发邮件到本社邮箱：cctp@cctpress.com）

前言

乡村振兴战略提出了"产业兴旺、生态宜居、乡风文明、治理有效、生活富裕"的发展目标,实现乡村产业兴旺,要打造特色产业、加强品牌建设、提升产业现代化、促进产业融合发展,发展旅游是振兴乡村的有效路径之一。乡村旅游使得中国乡村所具有的历史、文化以及艺术价值逐渐被人们所发现、认同与挖掘,有利于促进农村产业融合发展,同时对农村可持续发展、带动贫困地区的农村脱贫致富也有着非常重大的意义。发展乡村旅游经济,能有效地配置乡村自然资源,挖掘乡村人文资源,促进乡村经济发展,增加农民收入,实现乡村振兴。

乡村振兴是我国在新时期针对农村建设发展而提出的一项重要战略,通过打造乡村旅游产业推动乡村地区的经济增长。本书从乡村振兴战略概述介绍入手,针对乡村振兴战略规划、乡村旅游与乡村振兴进行了分析研究;另外对乡村振兴战略背景下的乡村旅游发展、生态经济背景下的乡村旅游营销与管理做了一定的介绍;还对乡村生态化旅游与农村经济增长做了研究。本书论述严谨,结构合理,条理清晰,内容丰富新颖,具有前瞻性和较强的科学性、系统性和指导性,对从事乡村振兴及旅游经济发展的人有一定的借鉴意义。

在本书的策划和撰写过程中,作者曾参阅了国内外大量有关的文献和资料,从中得到启示;同时也得到了有关领导、同事、朋友及学生的大力支持与帮助,在此致以衷心的感谢!本书的选材和撰写还有一些不尽如人意的地方,加上作者学识水平和时间所限,书中难免存在缺点和谬误,敬请同行专家及读者指正,以便进一步完善提高。

目　录

第一章　乡村振兴战略概述 …………………………………………… 1

 第一节　乡村振兴战略的背景及重要意义 ………………………… 1

 第二节　乡村振兴战略的科学内涵及战略导向 …………………… 3

第二章　乡村振兴战略规划 …………………………………………… 16

 第一节　乡村振兴战略规划理论 …………………………………… 16

 第二节　乡村振兴战略规划制划的基础与分类 …………………… 26

 第三节　乡村产业振兴 ……………………………………………… 31

第三章　乡村旅游与乡村振兴 ………………………………………… 41

 第一节　乡村旅游的概念及特点分析 ……………………………… 41

 第二节　乡村旅游的发展趋势预测 ………………………………… 45

 第三节　乡村旅游与乡村振兴的双向推动 ………………………… 49

第四章　乡村振兴战略背景下的乡村旅游发展 ……………………… 54

 第一节　乡村旅游资源的合理开发 ………………………………… 54

 第二节　乡村旅游设施建设 ………………………………………… 66

 第三节　乡村旅游发展模式与市场开拓 …………………………… 78

第五章　生态经济背景下的乡村旅游营销与管理 ·········· 94

第一节　生态经济背景下的乡村旅游市场营销 ·········· 94
第二节　生态经济背景下的乡村旅游形象建设 ·········· 108
第三节　生态经济背景下的乡村旅游经营管理 ·········· 118

第六章　乡村生态化旅游与农村经济增长 ·········· 125

第一节　乡村生态化旅游与农村经济发展的关系 ·········· 125
第二节　基于协作博弈的生态化旅游业利益相关者分析 ·········· 137
第三节　乡村生态化旅游对农村经济贡献率的对策与保障措施 ······· 157

参考文献 ·········· 165

第一章 乡村振兴战略概述

第一节 乡村振兴战略的背景及重要意义

实施乡村振兴战略是新时代我国"三农"工作的总抓手。本章重点阐述我国乡村振兴战略的背景及重要意义、乡村振兴战略的科学内涵及战略导向。

乡村振兴战略是我国推进农村税费改革、新农村建设、城乡一体化改革后的又一重大战略决策,具有重大历史性、理论性和实践性意义。

一、乡村振兴战略提出的深刻背景

(一)实施乡村振兴战略是国家新征程的必然选择

2020年,我国已经全面建成了小康社会,实现了第一个百年奋斗目标,又要乘势而上开启全面建设社会主义现代化国家新征程,向第二个百年奋斗目标进军。全面建成小康社会,重要的标志就是消除绝对贫困。实施乡村振兴战略,就是要助力脱贫攻坚,就是为了加快补齐农业农村发展这块全面建成小康社会的短板。

(二)实施乡村振兴战略是党中央针对社会主要矛盾变化做出的战略抉择

中国特色社会主义进入新时代,我国社会主要矛盾已经转化为人民日益增长的美好生活需要和不平衡不充分的发展之间的矛盾。这种不平衡不充分最突出的体现是在城乡发展差距上和乡村发展上。中央一号文件对当前"三农"发展面临的问题用了"五个亟待"进行了准确概括:农产品阶段性供过于求和供给不足并存,农业供给质量亟待提高;农民适应生产力发展和市场竞争的能力不足,新型职业农民队伍建设亟待加强;农村基础设施和民生领域欠账较多,农村环境和生态问题比较突出,乡村发展整体水平亟待提升;国家支农体系相对薄弱,农村金融改革任务繁重,城乡之间要素合理流动机制亟待健全;农村基层党建存在薄弱环节，乡村治理体系和治理能力亟待强化。按照马克思主义的基本原理，我国的推进工作就是要解决主要矛盾和矛盾的主要方面。既然社会主要矛盾发生了变化，那么我国的工作重点也必须围绕解决主要矛盾而展开。正是在此背景下，国家提出了乡村振兴战略。

（三）实施乡村振兴战略是发挥中国特色社会主义制度优势的重要体现

中国特色社会主义道路的重要特点就是要以人民为中心，发展为了人民，发展依靠人民。2030—2035年我国农村地区还会有将近4亿人口，农村地区仍然是我国最广阔的发展空间。所以，提高农村居民的生活质量，满足其日益增长的美好生活需求，是实现以人民为中心发展的重要体现，也是中国特色社会主义制度的重要体现。实施乡村振兴战略，就是更好地解决农村居民的发展问题，其意义之重大不言而喻。实施乡村振兴战略是党中央针对新时期社会主要矛盾的变化而提出来的。

二、实施乡村振兴战略的重要意义

实施乡村振兴战略，具有重大的历史性、理论性和实践性意义。从历史角度看，它是在新的起点上总结过去，谋划未来，深入推进城乡发展一体化，提出了乡村发展的新要求新蓝图。从理论角度看，它是深化改革开放，实施市场经济体制，系统解决市场失灵问题的重要抓手。从实践角度看，它是呼应老百姓新期待，以人民为中心，把农业产业搞好，把农村保护建设好，把农民发展进步服务好，提高人的社会流动性，扎实解决农业现代化发展、社会主义新农村建设和农民发展进步遇到的现实问题的重要内容。

（一）实施乡村振兴战略是解决发展不平衡不充分矛盾的迫切要求

中国特色社会主义进入新时代，它明确了我国发展新的历史方位。新时代，伴随社会主要矛盾的转化，对经济社会发展提出更高要求。新时代我国社会主要矛盾已经转化为人民日益增长的美好生活需要和不平衡不充分的发展之间的矛盾。改革开放以来，随着工业化的快速发展和城市化的深入推进，我国城乡出现分化，农村发展也出现分化，目前最大的不平衡是城乡之间发展的不平衡和农村内部发展的不平衡，最大的不充分是"三农"发展的不充分，包括农业现代化发展的不充分、社会主义新农村建设的不充分、农民群体提高教科文卫发展水平和共享现代社会发展成果的不充分等。从决胜全面建成小康社会，到基本实现社会主义现代化，再到建成社会主义现代化强国，解决这一新的社会主要矛盾需要实施乡村振兴战略。

(二) 实施乡村振兴战略是解决市场经济体系运行矛盾的重要抓手

改革开放以来，我国始终坚持市场经济改革方向，市场在资源配置中发挥越来越重要的作用，提高了社会稀缺配置效率，促进了生产力发展水平大幅提高，社会劳动分工越来越深、越来越细。随着市场经济深入发展，需要考虑市场体制运行所内含的生产过剩矛盾以及经济危机等问题，需要不断扩大稀缺资源配置的空间和范围。解决问题的途径是实行国际国内两手抓，除了把对外实行开放经济战略、推动形成对外开放新格局，包括以"一带一路"建设为重点加强创新能力开放合作，拓展对外贸易、培育贸易新业态新模式、推进贸易强国建设，实行高水平的贸易和投资自由化便利化政策，创新对外投资方式、促进国际产能合作，加快培育国际经济合作和竞争新优势等作为重要抓手外，也需要把对内实施乡村振兴战略作为重要抓手，形成各有侧重和相互补充的长期经济稳定发展战略格局。由于国际形势复杂多变，相比之下，实施乡村振兴战略更加安全可控，更有可能做好和更有福利效果。

(三) 实施乡村振兴战略是解决农业现代化的重要内容

经过多年持续不断的努力，我国农业农村发展取得重大成就，现代农业建设取得重大进展，粮食和主要农产品供求关系发生重大变化，大规模的农业剩余劳动力转移进城，农民收入持续增长，脱贫攻坚取得决定性进展，农村改革实现重大突破，农村各项建设全面推进，为实施乡村振兴战略提供了有利条件。与此同时，在实践中，由于历史原因，目前农业现代化发展、社会主义新农村建设和农民的教育科技文化发展存在很多突出问题，迫切需要解决。面向未来，随着我国经济不断发展，城乡居民收入不断增长，广大市民和农民都对新时期农村的建设发展存在很多期待。把乡村振兴作为党和国家战略，统一思想，提高认识，明确目标，完善体制，搞好建设，加强领导和服务，不仅呼应了新时期全国城乡居民发展新期待，而且也将引领农业现代化发展和社会主义新农村建设以及农民教育科技文化进步。

第二节 乡村振兴战略的科学内涵及战略导向

相比较新农村建设而言，乡村振兴战略的内容更全面，内涵更丰富，层次更高，目标更大，这是新时代我国农村工作发展方向和理念的一次深刻变革。其战略导向体现在"三个坚持",即坚持高质量发展、坚持农业农村优先发展、坚持走城乡融合发展道路。

一、乡村振兴战略的科学内涵

(一) 产业兴旺是乡村振兴的核心

新时代推动农业农村发展核心是实现农村产业发展。农村产业发展是农村实现可持续发展的内在要求。从中国农村产业发展历程来看,过去一段时间内主要强调生产发展,而且主要是强调农业生产发展,其主要目标是解决农民的温饱问题,进而推动农民生活向小康迈进。从生产发展到产业兴旺,这一提法的转变,意味着新时代党的农业农村政策体系更加聚焦和务实,主要目标是实现农业农村现代化。产业兴旺要求从过去单纯追求产量向追求质量转变、从粗放型经营向精细型经营转变、从不可持续发展向可持续发展转变、从低端供给向高端供给转变。城乡融合发展的关键步骤是农村产业融合发展。产业兴旺不仅要实现农业发展,还要丰富农村发展业态,促进农村一、二、三产业融合发展,更加突出以推进供给侧结构性改革为主线,提升供给质量和效益,推动农业农村发展提质增效,更好地实现农业增产、农村增值、农民增收,打破农村与城市之间的壁垒。农民生活富裕前提是产业兴旺,而农民富裕、产业兴旺又是乡风文明和有效治理的基础,只有产业兴旺、农民富裕、乡风文明、治理有效有机统一起来才能真正提高生态宜居水平。产业兴旺作为实施乡村振兴战略的第一要求,充分说明了农村产业发展的重要性。当前,我国农村产业发展还面临区域特色和整体优势不足、产业布局缺少整体规划、产业结构较为单一、产业市场竞争力不强、效益增长空间较为狭小与发展的稳定性较差等问题,实施乡村振兴战略必须紧紧抓住产业兴旺这个核心,作为优先方向和实践突破点,真正打通农村产业发展的"最后一公里",为农业农村实现现代化奠定坚实的物质基础。

(二) 生态宜居是乡村振兴的基础

加快生态文明体制改革,建设美丽中国。建设美丽中国的起点和基础是建设美丽乡村。乡村振兴战略提出要建设生态宜居的美丽乡村,更加突出了新时代重视生态文明建设与人民日益增长的美好生活需要的内在联系。乡村生态宜居不再是简单强调单一化生产场域内的"村容整洁",而是对融"生产、生活、生态"为一体的内生性低碳经济发展方式的乡村探索。生态宜居的内核是倡导绿色发展,是以低碳、可持续为核心,是对融"生产场域、生活家园、生态环境"为一体的复合型"村镇化"道路的实践打造和路径示范。绿水青山就是金山银山。乡村产业兴旺本身就蕴含着生态底色,通过建设生态宜居家园实现物质财富创造与生态文明建设互融互通，走出一条中国特色的乡村绿色可持续发展道路，在此基础上真正实现更高品质的生活富裕。同时，生态文明也是乡风文明的重要组成部分，乡风文明内涵则是对生态文明建设的基本要求。此外，实现乡村生态的有效治理是实现乡村有效治理的重要内容，治理有效必然包含着有效的乡村生态治理体制机制。从这个意义而言，打造生态宜居的美丽乡村必须把乡村生态文明建设作为基础性工程扎实推进，让美丽乡村看得见未来，留得住乡愁。

（三）乡风文明是乡村振兴的关键

文明中国根在文明乡风，文明中国要靠乡风文明。乡村振兴想要实现新发展，彰显新气象，传承和培育文明乡风是关键。乡土社会是中华民族优秀传统文化的主要阵地，传承和弘扬中华民族优秀传统文化必须注重培育和传承文明乡风。乡风文明是乡村文化建设和乡村精神文明建设的基本目标，培育文明乡风是乡村文化建设和乡村精神文明建设的主要内容。乡风文明的基础是重视家庭建设、家庭教育和家风家训培育。家庭和睦则社会安定，家庭幸福则社会祥和，家庭文明则社会文明；良好的家庭教育能够授知识、育品德、提高精神境界、培育文明风尚；优良的家风家训能够弘扬真善美、抑制假恶丑，营造崇德向善、见贤思齐的社会氛围。积极倡导和践行文明乡风能够有效净化和涵养社会风气，培育乡村德治土壤，推动乡村有效治理；能够推动乡村生态文明建设，建设生态宜居家园；能够凝人心、聚人气，营造干事创业的社会氛围，助力乡村产业发展；能够丰富农民群众文化生活，汇聚精神财富，实现精神生活上的富裕。实现乡风文明要大力实施农村优秀传统文化保护工程，深入研究阐释农村优秀传统文化的历史渊源、发展脉络、基本走向；要健全和完善家教家风家训建设工作机制，挖掘民间蕴藏的丰富家风家训资源，让好家风好家训内化为农民群众的行动遵循；要建立传承弘扬优良家风家训的长效机制，积极推动家风家训进校园、进课堂活动，编写优良家风家训通识读本，积极创作反映优良家风家训的优秀文艺作品，真正把文明乡风建设落到实处、落到细处。

（四）治理有效是乡村振兴的保障

实现乡村有效治理是推动农村稳定发展的基本保障。乡村治理有效才能真正为产业兴旺、生态宜居、乡风文明和生活富裕提供秩序支持，乡村振兴才能有序推进。新时代乡村治理的明显特征是强调国家与社会之间的有效整合，盘活乡村治理的存量资源，用好乡村治理的增量资源，以有效性作为乡村治理的基本价值导向，平衡村民自治实施以来乡村社会面临的冲突和分化。也就是说，围绕实现有效治理这个最大目标，乡村治理技术手段可以更加多元、开放和包容。只要有益于推动实现乡村有效治理的资源都可以充分地整合利用，而不再简单强调乡村治理技术手段问题，而忽视对治理绩效的追求和乡村社会的秩序均衡。健全自治、法治、德治相结合的乡村治理体系。这不仅是实现乡村治理有效的内在要求，也是实施乡村振兴战略的重要组成部分。这充分体现了乡村治理过程中国家与社会之间的有效整合，既要盘活村民自治实施以来乡村积淀的现代治理资源，又毫不动摇地坚持依法治村的底线思维，还要用好乡村社会历久不衰、传承至今的治理密钥，推动形成相辅相成、互为补充、多元并蓄的乡村治理格局。从民主管理到治理有效，这一定位的转变，既是国家治理体系和治理能力现代化的客观要求，也是实施乡村振兴战略，推动农业农村现代化进程的内在要求。而乡村治理有效的关键是健全和完善自治、法治、德治的耦合机制，让乡村自治、法治与德治深度融合、高效契合。例如，积极探索和创新乡村社会制度内嵌机制，将村民自治制度、国家法律法规内嵌入村规民约、乡风民俗中去，通过乡村自治、法治和德治的有效耦合，推动乡村社会实现有效治理。

（五）生活富裕是乡村振兴的根本

生活富裕的本质要求是共同富裕。改革开放四十多年来，农村经济社会发生了历史性巨变，农民的温饱问题得到了彻底解决，农村正在向着全面建成小康社会迈进。但是，广大农村地区发展不平衡不充分的问题也日益凸显，积极回应农民对美好生活的诉求必须直面和解决这一问题。生活富裕不富裕，对于农民而言有着切身感受。长期以来，农村地区发展不平衡不充分的问题无形之中让农民感受到了一种"被剥夺感"，农民的获得感和幸福感也随之呈现出"边际现象"，也就是说，简单地靠存量增长已经不能有效提升农民的获得感和幸福感。生活富裕相较于生活宽裕而言，虽只有一字之差，但其内涵和要求却发生了非常大的变化。生活宽裕的目标指向主要是解决农民的温饱问题，进而使农民的生活水平基本达到小康，而实现农民生活宽裕主要依靠的是农村存量发展。生活富裕的目标指向则是农民的现代化问题，是要切实提高农民的获得感和幸福感，消除农民的"被剥夺感"，而这也使得生活富裕具有共同富裕的内在特征。如何实现农民生活富裕？显然，靠农村存量发展已不具有可能性。有效激活农村增量发展空间是解决农民生活富裕的关键，而乡村振兴战略提出的产业兴旺则为农村增量发展提供了方向。

二、推进乡村振兴的战略导向

（一）坚持高质量发展

我国经济已由高速增长阶段转向高质量发展阶段，必须坚持质量第一、效益优先，以供给侧结构性改革为主线,推动经济发展质量变革、效率变革、动力变革。中央经济工作会议提出"推动高质量发展是当前和今后一个时期确定发展思路、制定经济政策、实施宏观调控的根本要求"。实施乡村振兴战略是建设现代化经济体系的主要任务之一,尽管实施乡村振兴战略涉及的范围实际上超出经济工作。在实施乡村振兴战略的过程中,坚持高质量发展的战略导向,需要弄清楚什么是乡村振兴的高质量发展,怎样实现乡村振兴的高质量发展。

1. 突出抓重点、补短板、强弱项的要求

随着中国特色社会主义进入新时代,中国社会主要矛盾转化为人民日益增长的美好生活需要和不平衡不充分的发展之间的矛盾。实施乡村振兴战略的质量如何,首先要看其对解决社会主要矛盾有多大实质性的贡献,对于缓解工农城乡发展不平衡和"三农"发展不充分的问题有多大实际作用。比如,随着城乡居民收入和消费水平的提高,社会需求结构加快升级,呈现个性化、多样化、优质化、绿色化迅速推进的趋势。这要求农业和农村产业发展顺应需求结构升级的趋势,增强供给适应需求甚至创造需求、引导需求的能力。与此同时,对农村产业发展在继续重视"生产功能"的同时,要求更加重视其生活功能和生态功能,将重视产业发展的资源环境和社会影响,同激发其科教、文化、休闲娱乐、环境景观甚至体验功能结合起来。尤其是随着90后、00后、10后逐步成为社会的主流消费群体,产业发展的生活、生态功能更加需要引起重视。以农业为例,要求农业在"卖产品"的同时,更加重视"卖风景""卖温情""卖文化""卖体验",增加对人才、人口的吸引力。近年来,电子商务的发展日益引起重视,一个重要原因是其有很好的链接和匹配功能,能够改善居民的消费体验、增进消费的便捷性和供求之间的互联性,而体验、便利、互联正在成为实现社会消费需求结构升级和消费扩张的重要动力,尤其为边角化、长尾性、小众化市场增进供求衔接和实现规模经济提供了新的路径。

2. 突出推进供给侧结构性改革

推进供给侧结构性改革的核心要义是按照创新、协调、绿色、开放、共享的新发展理念,提高供给体系的质量、效率和竞争力,即增加有效供给,减少无效供给,增强供给体系对需求体系和需求结构变化的动态适应和反应能力。当然,这里的有效供给包括公共产品和公共服务的有效供给。这里的提高供给体系质量、效率和竞争力,首先表现为提升农业和农村产业发展的质量、效率和竞争力;除此之外,还表现在政治建设、文化建设、社会建设和生态文明建设等方方面面,体现这些方面的协同性、关联性和整体性。解决好"三农"问题之所以要被始终作为全党工作的"重中之重",归根到底是因为它是一个具有竞争弱势特征的复合概念，需要让市场在资源配置中起决定性作用，通过更好发挥政府作用矫正市场失灵问题。实施乡村振兴战略旨在解决好"三农"问题，重塑新型工农城乡关系。因此，要科学区分"三农"问题形成演变中的市场失灵和政府失灵，以推进供给侧结构性改革为主线，完善体制机制和政策环境。借此，将支持农民发挥主体作用、提升农村人力资本质量与调动一切积极因素并有效激发工商资本、科技人才、社会力量参与乡村振兴的积极性结合起来，通过完善农村发展要素结构、组织结构、布局结构的升级机制，更好地提升乡村振兴的质量、效率和竞争力。

3. 协调处理实施乡村振兴战略与推进新型城镇化的关系

"乡村振兴战略"与"科教兴国战略""可持续发展战略"等被列入其中，但"新型城镇化战略"未被列入要坚定实施的七大战略，这并不等于说推进新型城镇化不是一个重要的战略问题。之所以这样，主要有两方面的原因：一是城镇化是自然历史过程。虽然推进新型城镇化也需要"紧紧围绕提高城镇化发展质量"，也需要"因势利导、趋利避害"，仍是解决"三农"问题的重要途径，但城镇化更是"我国发展必然要遇到的经济社会发展过程""是现代化的必由之路"，必须"使城镇化成为一个顺势而为、水到渠成的发展过程"。而实施七大战略则与此有明显不同，更需要摆在经济社会发展的突出甚至优先位置，更需要大力支持。否则，容易出现比较大的问题，甚至走向其反面。二是实施乡村振兴战略是贯穿21世纪中叶全面建设社会主义现代化国家过程中的重大历史任务。虽然推进新型城镇化是中国经济社会发展中的一个重要战略问题，但到2030—2035年前后城镇化率达到75%左右后，中国城镇化将逐步进入饱和阶段，届时城镇化率提高的步伐将明显放缓，城镇化过程中的人口流动将由乡—城单向流动为主转为乡—城流动、城—城流动并存，甚至城—乡流动的人口规模也会明显增大。届时，城镇化的战略和政策将会面临重大阶段性转型，甚至逆城镇化趋势也将会明显增强。至于怎样科学处理实施乡村振兴战略与推进新型城镇化的关系？关键是建立健全城乡融合发展的体制机制和政策体系。

4. 科学处理实施乡村振兴战略与推进农业农村政策转型的关系

乡村振兴的高质量发展，最终体现为统筹推进增进广大农民的获得感、幸福感、安全感和增强农民参与乡村振兴的能力。如果做到这一点，不断提升农民的获得感、幸福感、安全感就有了坚实的基础。在推进工业化、信息化、城镇化和农业现代化的过程中，农民利益最容易受到侵犯，最容易成为增进获得感、幸福感、安全感的薄弱环节。注意增进广大农民的获得感、幸福感、安全感，正是实施乡村振兴战略的重要价值所在。当然也要看到，在实施乡村振兴战略的过程中，农民发挥主体作用往往面临观念、能力和社会资本等局限。因此，调动一切积极因素，鼓励社会力量和工商资本带动农民在参与乡村振兴的过程中增强参与乡村振兴的能力，对于提升乡村振兴质量至关重要。

增强农民参与乡村振兴的能力，有许多国际经验可供借鉴。如在美国、欧盟和日、韩等国的发展过程中，都有很多措施支持农民培训、优化农业农村经营环境，并有利于增加农村就业创业机会。进入21世纪以来，欧盟的农村发展政策将培养青年农民、加强职业培训、推动老年农民提前退休、强化农场服务支持等作为重要措施。为解决农村人口外迁特别是青年劳动力外流问题，欧盟注意改善农民获得服务和发展机会的渠道，培育农村企业家，以确保农村区域和社区对居民生活、就业有吸引力。欧盟农业政策改革通过新的直接支付框架挂钩支持青年农民和小农户；采取重组和更新农场等措施，为青年农民提供创业援助，建立农场咨询服务系统和培训、创新项目等。后文强调坚持农业农村优先发展的战略导向，为此必须把推进农民优先提升技能作为战略支撑，借此为新型城镇化提供合格市民，为农业农村现代化提供合适的劳动力和农村居民。

（二）坚持农业农村优先发展

坚持农业农村优先发展。这从根本上是因为工农城乡发展不平衡和"三农"发展不充分，是当前中国发展不平衡不充分最突出的表现。此外，因为"三农"发展对促进社会稳定和谐、调节收入分配、优化城乡关系、增强经济社会活力和就业吸纳能力及抗风险能力等，可以发挥重要的作用，具有较强的公共品属性；在发展市场经济条件下，"三农"发展在很大程度上呈现竞争弱势特征，容易存在市场失灵问题。因此，需要在发挥市场对资源配置起决定性作用的同时，通过更好发挥政府作用，优先支持农业农村发展，解决好市场失灵问题。鉴于农业农村农民问题是关系国计民生的根本性问题，必须始终把解决好"三农"问题作为全党工作重中之重，按照增强系统性、整体性、协同性的要求和突出抓重点、补短板、强弱项的方向，坚持农业农村优先发展应该是实施乡村振兴战略的必然要求。

学习习近平总书记关于"坚持推动构建人类命运共同体"的思想，也有利于更好地理解坚持农业农村优先发展的重要性和紧迫性。在当今世界大发展、大变革、大调整的背景下，面对世界多极化、经济全球化、社会信息化、文化多样化深入发展的形势，"各国日益相互依存、命运与共，越来越成为你中有我、我中有你的命运共同体"。相对全球，国内发展、城乡之间更是命运共同体，更需要"保证全体人民在共建共享发展中有更多获得感"。面对国内工农发展、城乡发展失衡的状况，用命运共同体思想指导"三农"工作和现代化经济体系建设，更应坚持农业农村优先发展，借此有效防范因城乡之间、工农之间差距过大导致社会断裂,增进社会稳定和谐。

实施乡村振兴战略是党和国家的重大决策部署,各级党委和政府要提高对实施乡村振兴战略重大意义的认识,真正把实施乡村振兴战略摆在优先位置,把党管农村工作的要求落到实处,习近平总书记在中央农村工作会议上的讲话进一步要求,"各级党委和政府要坚持工业农业一起抓、坚持城市农村一起抓,并把农业农村优先发展的要求落到实处"。这为我们提供了坚持农业农村优先发展的路线图和"定盘星"。那么,在实践中如何坚持农业农村优先发展?本文认为,可借鉴国外尤其是发达国家支持中小企业的思路,同等优先地加强对农业农村发展的支持。具体地说,要注意以下几点:

1. 以完善产权制度和要素市场化配置为重点,优先加快推进农业农村市场化改革

公平竞争是市场经济的基本原则,是市场机制高效运行的重要基础,统一开放、竞争有序的市场体系,是市场在资源配置中起决定性作用的基础,要"确立竞争政策基础性地位"。为此,要通过强化公平竞争的理念和社会氛围,以及切实有效的反垄断措施,完善维护公平竞争的市场秩序,促进市场机制有效运转;也要注意科学处理竞争政策和产业政策的关系,积极促进产业政策由选择性向功能性转型,并将产业政策的主要作用框定在市场失灵领域。

为此,要通过强化竞争政策的基础地位,积极营造有利于"三农"发展,并提升其活力和竞争力的市场环境,引导各类经营主体和服务主体在参与乡村振兴的过程中公平竞争,成为富有活力和竞争力的乡村振兴参与者,甚至乡村振兴的"领头雁"。要以完善产权制度和要素市场化配置为重点,加快推进农业农村领域的市场化改革,结合发挥典型示范作用,根本改变农业农村发展中部分领域改革严重滞后于需求,或改革自身亟待转型升级的问题。如在依法保护集体土地所有权和农户承包权的前提下,如何平等保护土地经营权?这方面的改革亟待提速。目前对平等保护土地经营权重视不够,加大了新型农业经营主体的发展困难和风险,也影响了其对乡村振兴带动能力的提升。近年来,部分地区推动"资源变资产、资金变股金、农民变股东"的改革创新,初步取得了积极效果。但随着"三变"改革的推进,如何加强相关产权和要素流转平台建设,完善其运行机制,促进其转型升级,亟待后续改革加力跟进。

2. 加快创新相关法律法规和监管规则,优先支持优化农业农村发展环境

通过完善法律法规和监管规则,清除不适应形势变化、影响乡村振兴的制度和环境障碍,可以降低"三农"发展的成本和风险,也有利于促进农业强、农民富、农村美。例

如，近年来虽然农村宅基地制度改革试点积极推进，但实际惠及面仍然有限，严重影响农村土地资源的优化配置，导致大量宅基地闲置浪费，也加大了农村发展新产业、新业态、新模式和建设美丽乡村的困难，制约农民增收。

现行农村宅基地制度和农房产权制度改革滞后，不仅是给盘活闲置宅基地和农房增加了困难，影响农民财产性收入的增长，更重要的是加大了城市人口、人才"下乡"甚至农村人才"跨社区"居住特别是定居的困难，不利于缓解乡村振兴的"人才缺口"，也不利于农业农村产业更好地对接城乡消费结构升级带来的需求扩张。在部分城郊地区或发达的农村地区，甚至山清水秀、交通便捷、文化旅游资源丰厚的普通乡村地区，适度扩大农村宅基地制度改革试点范围，鼓励试点地区加快探索和创新宅基地"三权分置"办法，尤其是适度扩大农村宅基地、农房使用权流转范围，有条件地进一步向热心参与乡村振兴的非本农村集体经济组织成员开放农村宅基地或农房流转、租赁市场。这对于吸引城市或异地人才、带动城市或异地资源/要素参与乡村振兴，日益具有重要性和紧迫性。其意义远远超过增加农民财产性收入的问题，并且已经不是"看清看不清"或"尚待深入研究"的问题，而是应该积极稳健地"鼓励大胆探索"的事情。建议允许这些地区在保护农民基本居住权和"不得违规违法买卖宅基地，严格实行土地用途管制，严格禁止下乡利用农村宅基地建设别墅大院和私人会馆"的基础上，通过推进宅基地使用权资本化等方式，引导农民有偿转让富余的宅基地和农民房屋使用权，允许城乡居民包括"下乡"居住或参与乡村振兴的城市居民有偿获得农民转让的富余或闲置宅基地。

近年来，许多新产业、新业态、新模式迅速发展，对于加快农村生产方式、生活方式转变的积极作用迅速凸显。但相关政策和监管规则创新不足，成为妨碍其进一步发展的重要障碍。部分地区对新兴产业发展支持力度过大、过猛，也给农业农村产业发展带来新的不公平竞争和不可持续发展问题。此外，部分新兴产业"先下手为强""赢者通吃"带来的新垄断问题，加剧了收入分配和发展机会的不均衡。要注意引导完善这些新兴产业的监管规则，创新和优化对新经济垄断现象的治理方式，防止农民在参与新兴产业发展的过程中，成为"分享利益的边缘人，分担成本、风险的核心层"。

此外，坚持农业农村优先发展，要以支持融资、培训、营销平台和技术、信息服务等环境建设，鼓励包容发展、创新能力成长和组织结构优化等为重点，将优化"三农"发展的公共服务和政策环境放在突出地位。相对而言，由于乡村人口和经济密度低、基础设施条件差，加之多数农村企业整合资源、集成要素和垄断市场的能力弱，面向"三农"发展的服务体系建设往往难以绕开交易成本高的困扰。因此，坚持农业农村优先发展，应把加强和优化面向"三农"的服务体系建设放在突出地位，包括优化提升政府主导的公共服务体系、加强对市场化或非营利性服务组织的支持，完善相关体制机制。

坚持农业农村优先发展，还应注意以下两方面：一是强化政府对"三农"发展的"兜底"作用，并将其作为加强社会安全网建设的重要内容。近年来，国家推动农业农村基础设施建设、持续改善农村人居环境、加强农村社会保障体系建设、加快建立多层次农业保险体系等，都有这方面的作用。二是瞄准推进农业农村产业供给侧结构性改革的重点领域和关键环节，加大引导支持力度。如积极推进质量兴农、绿色兴农，加强粮食生产功能区、重要农产品生产保护区、特色农产品优势区、现代农业产业园、农村产业融合发展示范园、农业科技园区、电商产业园、返乡创业园、特色小镇或田园综合体等农业农村发展的载体建设，更好地发挥其对实施乡村振兴战略的辐射带动作用。

（三）坚持走城乡融合发展道路

建立健全城乡融合发展体制机制和政策体系，同坚持农业农村优先发展一样，也是加快推进农业农村现代化的重要手段。

近年来，随着工农、城乡之间相互联系、相互影响、相互作用不断增强，城乡之间的人口、资源和要素流动日趋频繁，产业之间的融合渗透和资源、要素、产权之间的交叉重组关系日益显著，城乡之间日益呈现"你中有我，我中有你"的发展格局。越来越多的问题，表现在"三农"，根子在城市（或市民、工业和服务业）；或者表现在城市，根子在"三农"。这些问题，采取"头痛医头、脚痛医脚"的办法越来越难解决，越来越需要创新路径，通过"头痛医脚"的办法寻求治本之道。因此，建立健全城乡融合发展的体制机制和政策体系，走城乡融合发展之路，越来越成为实施乡村振兴战略的当务之急和战略需要。借此，按照推进新型工业化、信息化、城镇化、农业现代化同步发展的要求，加快形成以工促农、以城带乡、工农互惠、城乡共荣、分工协作、融合互补的新型工农城乡关系。那么，如何坚持城乡融合发展道路，建立健全城乡融合发展的体制机制和政策体系呢？

1. 注意同以城市群为主体构建大中小城市和小城镇协调发展的城镇格局衔接起来

在当前的发展格局下，尽管中国在政策上仍然鼓励"加快培育中小城市和特色小城镇，增强吸纳农业转移人口能力"。但农民工进城仍以流向大中城市和特大城市为主，流向县城和小城镇的极其有限。这说明，当前，中国大城市、特大城市仍然具有较强的集聚经济、规模经济、范围经济效应，且其就业、增收和其他发展机会更为密集；至于小城镇，就总体而言，情况正好与此相反。因此，在今后相当长的时期内，顺应市场机制的自发作用，优质资源、优质要素和发展机会向大城市、特大城市集中仍是难以根本扭转的趋势。但是，也要看到，这种现象的形成，加剧了区域、城乡发展失衡问题，给培育城市群功能、优化城市群内部不同城市之间的分工协作和优势互补关系，以及加强跨区域生态环境综合整治等增加了障碍，不利于疏通城市人才、资本和要素下乡的渠道，不利于发挥城镇化对乡村振兴的辐射带动作用。

上述现象的形成，同当前的政府政策导向和资源配置过度向大城市、特大城市倾斜也有很大关系，由此带动全国城镇体系结构重心上移。这突出地表现在两方面：一是政府在重大产业项目、信息化和交通路网等重大基础设施、产权和要素交易市场等重大平台的布局，在公共服务体系建设投资分配、获取承办重大会展和体育赛事等机会分配方面，大城市、特大城市往往具有中小城市无法比拟的优势；二是许多省区强调省会城市经济首位度不够是其发展面临的突出问题，致力于打造省会城市经济圈，努力通过政策和财政金融等资源配置的倾斜，提高省会城市的经济首位度。这容易强化大城市、特大城市的极化效应，弱化其扩散效应，影响其对"三农"发展辐射带动能力的提升，制约以工促农、以城带乡的推进。许多大城市、特大城市的发展片面追求"摊大饼式扩张"，制约其实现集约型、紧凑式发展水平和创新能力的提升，容易"稀释"其对周边地区和"三农"发展的辐射带动能力，甚至会挤压周边中小城市和小城镇的发展空间，制约它们对"三农"发展辐射带动能力的成长。

随着农村人口转移进城规模的扩大，乡—城之间通过劳动力就业流动，带动人口流动和家庭迁移的格局正在加快形成。在此背景下，过度强调以大城市、特大城市为重点吸引农村人口转移，也会因大城市、特大城市高昂的房价和生活成本，加剧进城农民工或农村转移人口融入城市、实现市民化的困难，容易增加进城后尚待市民化人口与原有市民的矛盾，影响城市甚至城乡社会的稳定和谐。

因此，应按照统筹推进乡村振兴和新型城镇化高质量发展的要求，加大国民收入分配格局的调整力度，深化相关改革和制度创新，在引导大城市、特大城市加快集约型、紧凑式发展步伐，并提升城市品质和创新能力的同时，引导这些大城市、特大城市更好地发挥区域中心城市对区域发展和乡村振兴的辐射带动作用。要结合引导这些大城市、特大城市疏解部分非核心、非必要功能，引导周边卫星城或其他中小城市、小城镇增强功能特色，形成错位发展、分工协作新格局，借此培育特色鲜明、功能互补、融合协调、共生共荣的城市群。这不仅有利于优化城市群内部不同城市之间的分工协作关系，提升城市群系统功能和网络效应，还有利于推进跨区域性基础设施、公共服务能力建设和生态环境综合整治，为城市人才、资本、组织和资源等要素下乡参与乡村振兴提供便利，有利于更好地促进以工哺农、以城带乡和城乡融合互补，增强城市化、城市群对城乡、区域发展和乡村振兴的辐射带动功能，帮助农民增加共商共建共享发展的机会，提高农村共享发展水平。实际上，随着高铁网、航空网和信息网建设的迅速推进，网络经济的去中心化、去层级化特征，也会推动城市空间格局由单极化向多极化和网络化演进，凸显发展城市群、城市圈的重要性和紧迫性。

为更好地增强区域中心城市特别是城市群对乡村振兴的辐射带动力，要通过公共资源配置和社会资源分配的倾斜引导，加强链接周边的城际交通、信息等基础设施网络和关键节点、连接线建设，引导城市群内部不同城市之间完善竞争合作和协同发展机制，强化分工协作、增强发展特色、加大生态共治，并协同提升公共服务水平。要以完善产权制度和要素市场化配置为重点，以激活主体、激活要素、激活市场为目标导向，推进有利于城乡融合发展的体制机制改革和政策体系创新，着力提升城市和城市群开放发展、包容发展水平和辐射带动能力。要加大公共资源分配向农业农村的倾斜力度，加强对农村基础设施建设的支持。与此同时，通过深化制度创新，引导城市基础设施和公共服务能力向农村延伸，加强以中心镇、中心村为节点，城乡衔接的农村基础设施、公共服务网络建设。要通过深化改革和政策创新，以及推进"三农"发展的政策转型，鼓励城市企业或涉农龙头企业同农户、农民建立覆盖全程的战略性伙伴关系，完善利益联结机制。

2. 积极发挥国家发展规划对乡村振兴的战略导向作用

结合规划编制和执行，加强对各级各类规划的统筹管理和系统衔接，通过部署重大工程、重大计划、重大行动，加强对农业农村发展的优先支持，鼓励构建城乡融合发展的体制机制和政策体系。在编制和实施乡村振兴规划的过程中，要结合落实主体功能区战略，贯彻中央关于"强化乡村振兴规划引领"的决策部署，促进城乡国土空间开发的统筹，注意发挥规划对统筹城乡生产空间、生活空间、生态空间的引领作用，引导乡村振兴优化空间布局，统筹乡村生产空间、生活空间和生态空间。今后大量游离于城市群之外的小城市、小城镇很可能趋于萎缩，其发展机会很可能迅速减少。优化乡村振兴的空间布局应该注意这一方面。

要注意突出重点、分类施策，在引导农村人口和产业布局适度集中的同时，将中心村、中心镇、小城镇和粮食生产功能区、重要农产品生产保护区、特色农产品优势区、现代农业产业园、农村产业融合发展示范园、农业科技园区、电商产业园、返乡创业园、特色小镇或田园综合体等，作为推进乡村振兴的战略节点。20世纪70年代以来，法国中央政府对乡村地区的关注逐步实现了由乡村全域向发展缓慢地区的转变，通过"乡村行动区"和"乡村更新区"等规划手段干预乡村地区发展；同时逐步形成中央政府和地方乡村市镇合力推动乡村地区发展的局面。乡村市镇主要通过乡村整治规划和土地占用规划等手段，推动乡村地区发展。乡村整治规划由地方政府主导，地方代表、专家和居民可共同参与。我国实施乡村振兴战略要坚持乡村全面振兴，但这并不等于说所有乡、所有村都要实现振兴。从法国的经验可见，在推进乡村振兴的过程中，找准重点、瞄准薄弱环节和鼓励不同利益相关者参与,都是至关重要的。此外,建设城乡统一的产权市场、要素市场和公共服务平台,也应在规则统一、环境公平的前提下,借鉴政府扶持小微企业发展的思路,通过创新"同等优先"机制,加强对人才和优质资源向农村流动的制度化倾斜支持,缓解市场力量对农村人才和优质资源的"虹吸效应"。

3. 完善农民和农业转移人口参与发展、培训提能机制

推进城乡融合发展,关键要通过体制机制创新,一方面,帮助农村转移人口降低市民化的成本和门槛,让农民获得更多且更公平、更稳定、更可持续的发展机会和发展权利;另一方面,增强农民参与新型城镇化和乡村振兴的能力,促进农民更好地融入城市或乡村发展。要以增强农民参与发展能力为导向,完善农民和农业转移人口培训提能支撑体系,为乡村振兴提供更多的新型职业农民和高素质人口,为新型城镇化提供更多的新型市民和新型产业工人。要结合完善利益联结机制,注意发挥新型经营主体、新型农业服务主体带头人的示范带动作用,促进新型职业农民成长,带动普通农户更好地参与现代农业发展和乡村振兴。要按照需求导向、产业引领、能力本位、实用为重的方向,加强统筹城乡的职业教育和培训体系建设,通过政府采购公共服务等方式,加强对新型职业农民和新型市民培训能力建设的支持。要创新政府支持方式,支持政府主导的普惠式培训与市场主导的特惠式培训分工协作、优势互补。鼓励平台型企业和市场化培训机构在加强新型职业农民和新型市民培训中发挥中坚作用。要结合支持创新创业,加强人才实训基地建设,健全以城带乡的农村人力资源保障体系。

4. 加强对农村一、二、三产业融合发展的政策支持

推进城乡融合发展,要把培育城乡有机结合、融合互动的产业体系放在突出地位。推进农村一、二、三产业融合发展,有利于发挥城市企业、城市产业对农村企业、农村产业发展的引领带动作用。要结合加强城市群发展规划,创新财税、金融、产业、区域等支持政策,引导农村产业融合优化空间布局,强化区域分工协作、发挥城市群和区域中心城市对农村产业融合的引领带动作用。要创新农村产业融合支持政策,引导农村产业融合发展统筹处理服务市民与富裕农民、服务城市与繁荣农村、增强农村发展活力与增加农民收入、推进新型城镇化与建设美丽乡村的关系。鼓励科技人员向科技经纪人和富有创新能力的农村产业融合企业家转型。注意培育企业在统筹城乡发展、推进城乡产业融合中的骨干作用,努力构建产业融合发展带动城乡融合发展新格局。鼓励商会、行业协会和产业联盟在推进产业融合发展中增强引领带动能力。

第二章 乡村振兴战略规划

第一节 乡村振兴战略规划理论

乡村振兴战略规划是基础和关键，其作用是为实施乡村振兴战略提供重要保障。

一、乡村振兴战略规划的作用与功能

（一）乡村振兴战略规划的作用

1. 为实施乡村振兴战略提供重要保障

抓紧编制乡村振兴规划和专项规划。制订乡村振兴战略规划，明确总体思路、发展布局、目标任务、政策措施，有利于发挥集中力量办大事的社会主义制度优势；有利于凝心聚力，统一思想，形成工作合力；有利于合理引导社会共识，广泛调动各方面积极性和创造性。

2. 是实施乡村振兴战略的基础和关键

实施乡村振兴战略要实行中央统筹、省负总责、市县抓落实的工作机制。编制一个立足全局、切合实际、科学合理的乡村振兴战略规划，有助于充分发挥融合城乡的凝聚功能，统筹合理布局城乡生产、生活、生态空间，切实构建城乡要素双向流动的体制机制，培育发展动能，实现农业农村高质量发展。制订出台乡村振兴战略规划，既是实施乡村振兴战略的基础和关键，又是有力有效的工作抓手。当前，编制各级乡村振兴规划迫在眉睫。国家乡村振兴战略规划即将出台，省级层面的乡村振兴战略规划正在抓紧制订，有的省份已经出台；各地围绕乡村振兴战略都在酝酿策划相应的政策和举措，有的甚至启动了一批项目；全国上下、社会各界特别是在农业农村一线工作的广大干部职工和农民朋友都对乡村振兴充满期待。以上这些都迫切要求各地尽快制订乡村振兴规划，一方面与国家和

省级乡村振兴战略规划相衔接，另一方面统领本县域乡村振兴各项工作扎实有序开展。

3. 有助于整合和统领各专项规划

乡村振兴涉及产业发展、生态保护、乡村治理、文化建设、人才培养等诸多方面，相关领域或行业都有相应的发展思路和目标任务，有的已经编制了专项规划，但难免出现内容交叉、不尽协调等问题。通过编制乡村振兴规划，在有效集成各专项和行业规划的基础上，对乡村振兴的目标、任务、措施做出总体安排，有助于统领各专项规划的实施，切实形成城乡融合、区域一体、多规合一的规划体系。

4. 有助于优化空间布局，促进生产、生活、生态协调发展

长期以来，我国农业综合生产能力不断提升，为保供给、促民生、稳增长做出重要贡献，但在高速发展的同时，农业农村生产、生活、生态不相协调的问题日益突出，制约了农业高质量发展。通过编制乡村振兴规划，全面统筹农业农村空间结构，优化农业生产布局，有利于推动形成与资源环境承载力相匹配、与村镇居住相适宜、与生态环境相协调的农业发展格局。

5. 有助于分类推进村庄建设

随着农业农村经济的不断发展，村庄建设、农民建房持续升温，农民的居住条件明显改善，但千村一面现象仍然突出。通过编制乡村振兴规划，科学把握各地地域特色、民俗风情、文化传承和历史脉络，不搞"一刀切"、不搞统一模式，有利于保护乡村的多样性、差异性，打造各具特色、不同风格的美丽乡村，从整体上提高村庄建设质量和水平。

6. 有助于推动资源要素合理流动

长期以来，受城乡二元体制机制约束，劳动力、资金等各种资源要素不断向城市聚集，造成农村严重"失血"和"贫血"。通过编制乡村振兴规划，贯彻城乡融合发展要求，抓住钱、地、人等关键要素，谋划有效举措，打破城乡二元体制壁垒，促进资源要素在城乡间合理流动、平等交换，有利于改善农业农村发展条件，加快补齐发展"短板"。

(二) 乡村振兴战略规划的功能

乡村在其成长过程中，始终沿着两个维度发展，一个维度是适应乡村生产，另一个维度是方便乡村生活。在此基础上衍生出乡村的诸如生产价值、生活价值、生态价值、社会价值、文化价值等，维系着乡村的和谐与可持续发展。乡村振兴不是要另起炉灶建设一个新村，而是要在尊重乡村固有价值基础上使传统的乡村价值得到提升。乡村振兴战略的目标，无论是产业兴旺、生态宜居，还是乡风文明、治理有效、生活富裕，只有在遵循乡村

价值的基础上才能获得事半功倍效果，脱离乡村价值体系的项目投入多数会因难以融入乡村体系而成为项目"孤岛"。因此，发现和科学认识乡村价值是乡村振兴战略规划的前提。

1. 生产与经济价值功能

一方面，乡村为耕地保护、土地综合利用、精耕细作提供了条件，另一方面，乡村通过发展种植业养殖业，为农民生产与生活能量循环提供保障。正是有乡村的存在，才有循环农业文化的传承和发展。乡村也为庭院经济、乡村手工业得以存在和发展提供空间。村落形态与格局、田园景观、乡村文化与村民生活连同乡村环境一起构成重要的乡村产业资源。近些年，乡村旅游、特色农业的发展，既验证了绿水青山就是金山银山的理念，也充分体现了乡村的存在是产业兴旺和农民生活富裕的基础。产业兴旺一定是多业并举，种植业、养殖业、手工业和乡村休闲旅游业等都只有在乡村这个平台上才能满足人们对美好生活的需求，实现真正的产业融合。

2. 生态与生活价值功能

乡村作为完整的复合生态系统，以村落地域为空间载体，将村落的自然环境、经济环境和社会环境通过物质循环、能量流动和信息传递等机制，综合作用于农民的生产生活。乡村的生态价值不仅在于乡村坐落于青山绿水之间的宜人村落环境，更主要体现在乡村内部所具有的生态文明系统：天人合一的理念，维系着人与自然的和谐，体现着劳动人民尊重自然、利用自然的智慧；自给性消费方式减少了人们对市场的依赖，因农民需要而维系了生物多样性；与大自然节拍相吻合的慢生活节奏，被认为是有利于身心健康的生活方式；低碳的生活传统、种养结合、生产与生活循环体系等，构成了乡村独特的生态系统和生态文化，凸显着劳动人民充分利用乡村资源的生存智慧。乡村的宜居环境不仅包括村落环境、完善的基础设施和舒适的民宅建设，还包括了和谐的邻里关系与群体闲暇活动给人们带来了精神的愉悦；正因如此，乡村被认为是理想的养生、养老、养心社区。在乡村建设实践中如果忽视乡村生态价值，盲目模仿城市建设模式，就会导致循环农业链中断，乡村垃圾问题凸显，乡村人与环境、人与资源问题突出等问题。

3. 文化与教化价值功能

文化与教化价值是乡村治理和乡风文明的重要载体。中国乡村文化不仅表现在山水风情自成一体，特色院落、村落、田园相得益彰，更重要地表现在乡村所具有的信仰、道德，所保存的风俗和所形成的品格。特别是诸如耕作制度、农耕风俗、节日时令、地方知识和生活习惯等活态的农业文化，无不体现着人与自然和谐发展的生存智慧。在食品保障、原料供给、就业增收、生态保护、观光休闲、文化传承、科学研究等方面均具有重要价值。同时，我们必须认识到尊老爱幼、守望相助、诚实守信、邻里和睦等优秀传统，是乡风文明建设和乡村有效治理的重要文化资源。农事活动、熟人交往、节日庆典、民俗习惯、地方经验、民间传统、村落舆论、村规民约、示范与模仿等，都是维系村落价值系统的重要载体，不断强化着人们的行为规范，而且是以润物无声的形式深入人们的内心世界，内化为行为准则。

乡村振兴战略规划若缺乏对乡村特点和价值体系的认识，其结果自然是难以适应农民的生产与生活，更谈不上传承优秀传统文化。因此，乡村振兴规划要以乡村价值系统为基础，善于发现乡村价值，探索提升乡村价值的途径。乡村价值的提升一方面可以通过乡村价值放大来实现，如发展地方特色种植业、养殖业和手工业，这种产业具有鲜明的地域特色，不可复制和替代，凸显其地方特色与品牌价值，也可以通过农业和乡村功能的扩展，实现其经济价值；另一方面赋予乡村体系以新的价值和功能，如发展文旅农融合产业，把乡村生态、生活、教育等价值转变成财富资源，发展乡村休闲、观光、体验等新兴产业。乡村振兴欢迎外来力量的介入，外来人可以帮助乡村发现其特有价值，并利用乡村价值为乡村造福。外来资金可以帮助乡村做想做而做不成的事情，为乡村注入新的动力。但是需要强调的是，无论外来的人才还是外来资金都不能取代农民的主体地位，不能削弱乡村主体性。只有在充分尊重农民主体地位和乡村价值体系的基础上，乡村振兴的各项目标才能实现。

二、编制乡村振兴战略规划应把握的重点

（一）发挥国家规划的战略导向作用

创新和完善宏观调控，发挥国家发展规划的战略导向作用。习近平新时代中国特色社会主义思想，特别是以习近平同志为核心的党中央关于实施乡村振兴战略的思想，是编制乡村振兴战略的指导思想和行动指南，也是今后实施乡村振兴战略的"指路明灯"。

为协调处理发挥国家规划战略导向作用与增强地方规划发挥指导作用及时性的矛盾，建议各地尽早启动乡村振兴规划编制的调研工作，并在保证质量的前提下，尽早完成规划初稿。待国家规划发布后，再进一步做好地方规划初稿和国家规划的对接工作。县级规划还要待省、地市规划发布后，再尽快做好对接协调工作。按照这种方式编制的地方规划，不仅可以保证国家规划能够结合本地实际更好地落地，也可以为因地制宜地推进乡村振兴的地方实践及时发挥具体行动指南的作用。当然，在此过程中，为提高地方乡村振兴规划的编制质量，要始终注意认真学习以习近平同志为核心的党中央关于实施乡村振兴战略、

关于建设现代化经济体系的系列论述和决策部署，并结合本地实际进行创造性转化和探索。

发挥国家规划的战略导向作用，还要拓宽视野，注意同国家相关重大规划衔接起来，尤其要注意以战略性、基础性、约束性规划为基础依据。加强各类规划的统筹管理和系统衔接，形成城乡融合、区域一体、多规合一的规划体系。如国家和省级层面的新型城镇化规划，应是编制地方乡村振兴战略规划的重要参考。以城市群为主体构建大中小城市和小城镇协调发展的城镇格局，加快农业转移人口市民化。建设彰显优势、协调联动的城乡区域发展体系，实现区域良性互动、城乡融合发展、陆海统筹整体优化，培育和发挥区域比较优势，加强区域优势互补，塑造区域协调发展新格局。在乡村振兴规划的编制和实施过程中，要结合增进同新型城镇化规划的协调性，更好地引领和推进乡村振兴与新型城镇化"双轮驱动"，更好地建设彰显优势、协调联动的城乡区域发展体系，为建设现代化经济体系提供扎实支撑。

特别需要注意的是，各部门各地区在编制乡村振兴战略规划时，必须高度重视以国家和省级主体功能区规划作为基本依据。建设主体功能区是我国经济发展和生态环境保护的大战略；完善主体功能区战略和制度，要发挥主体功能区作为国土空间开发保护基础制度作用，推动主体功能区战略格局在市县层面精准落地，健全不同主体功能区差异化协同发展长效机制，加快体制机制改革和法治建设，为优化国土空间开发保护格局、创新国家空间发展模式夯实基础。各部门各地区编制的乡村振兴战略规划要以主体功能区规划和相关战略、制度为基本遵循，遵守其划定的"三区三线"（城镇、农业、生态空间，生态保护红线、永久基本农田、城镇开发边界），统筹城乡国土空间开发格局，将强化空间用途管制和优化城乡布局结构、乡村功能布局结构结合起来，统筹城乡生产空间、生活空间、生态空间，优化乡村生产空间、生活空间、生态空间布局及其内在关联，促进生产空间集约高效，实现生活空间宜居适度，实现生态空间山清水秀。

（二）提升规划的战略思维

实施乡村振兴战略是决胜全面建成小康社会、全面建设社会主义现代化国家的重大历史任务，要求制订的是《国家乡村振兴战略规划（2018—2022年）》，与一般规划有所不同的是，规划名称包括了"战略"二字；尽管这是一个五年规划，但对到2035年基本实现社会主义现代化、到21世纪中叶建成富强民主文明和谐美丽的社会主义现代化强国时，我国实现乡村振兴战略的远景也会进行战略谋划，甚至在2018年中央一号文件中对于到2035年、2050年推进乡村振兴的目标任务都有所勾勒。中央农村工作会议要求，"实施乡村振兴战略是一项长期的历史性任务，要科学规划、注重质量、从容建设，不追求速度，更不能刮风搞运动"。2018年中央一号文件进一步要求实施乡村振兴战略要"既尽力而为，又量力而行，不搞层层加码，不搞"一刀切"，不搞形式主义，久久为功，扎实推进"。可见，在编制乡村振兴规划的过程中，要特别注意体现其战略性，做好突出战略思维的大文章。当然，有人说，举凡规划，谋划的必然是战略问题。本文无意否认这一点，只是强调乡村振兴战略规划以"战略规划"冠名，应该更加重视战略思维。

首先要注意规划的编制和实施过程更多的不是"按既定方针办"，而是要追求创新、突破和超越，要科学把握"面向未来、吸收外来、扬弃以来"的关系，增强规划的前瞻性。许多人在制订战略规划时，习惯于惯性思维，从现在看未来，甚至从过去看现在，首先考虑当前的制约和短期的局限，"这不能干""那很难办"成为"口头禅"，或者习惯于按照过去的趋势推测未来，这在设计规划指标的过程中最为明显。这不是战略，充其量只能算战术或推算。按照这种方式编制规划，本身就是没有太大意义的事。按照这种思维方式考虑规划问题，很容易限制战略或规划制订者的想象力，束缚其思维空间，形成对未来发展的悲观情绪和消极心理，导致规划实施者或规划的利益相关者对未来发展缩手缩脚，难以办成大事，也容易导致大量的发展机会不知不觉地"溜走"或流失。

战略需要大思维、大格局、大架构，战略制定者需要辩证思维、远景眼光。当然此处的"大"绝非虚空，而是看得见、摸得着，经过不懈努力最终能够实现。真正的战略不是从过去看未来，而是逆向思维，从未来的终局看当前的布局，从未来推导现在，根据未来的战略方向决定当前如何行动。好的规划应该富有这种战略思维。因此，好的战略规划应该具备激发实施者、利益相关者信心的能力，能够唤醒其为实现战略或规划目标努力奋斗的"激情"和"热情"。好的战略规划，往往基于未来目标和当前、未来资源支撑能力的差距，看挖潜改造的方向，看如何摆脱资源、要素的制约，通过切实有效的战略思路、战略行动和实施步骤，不断弥合当前可能和未来目标的差距。借此，拓展思维空间，激活发展动能，挖掘发展潜力。惯性地参照过去是人们给自己设置的最大障碍。战略就是要摆脱现有资源的限制，远大的战略抱负一定是与现有的资源和能力不对称的。战略就是要"唤起水手们对辽阔大海的渴望""战略意图能给企业带来情感和理性上的双重能量"。有些富有战略远见的企业家提出，"有能力定义未来，才能超越战争"。用这些战略思维编制乡村振兴战略规划，实施乡村振兴战略才更有价值。

好的战略意图要给人带来方向感、探索感和共同的命运感。方向感很容易理解，但从以往的实践来看，有些地方规划的战略思维不够，难以体现战略性要求。要通过提升规划的战略思维，描绘出未来规划发展的蓝图和目标，告诉人们规划的未来是什么，我们想要努力实现的规划图景如何。为了实现这种规划图景，今天和明天我们应该怎么做？鉴于规划的未来和当前的现实之间可能存在巨大的资源、要素和能力缺口，应该让规划的实施者想方设法去努力实现这些规划的未来目标，形成探索感。如果把规划的未来目标比作吃到树上可口的苹果，那么这个苹果不是伸手可及的，应是经过艰苦、卓越的努力才能吃到的。那么，怎么努力？是站个板凳去摘，还是跳着去摘？要通过博采众智、集思广益，创新规划实施手段去实现这种努力。探索感就是要唤起参与者、组织者的创新创业精神和发展潜能，发现问题，迎难而上，创造性解决；甚至在探索解决问题的过程中，增强创造性地解决问题的能力。共同的命运感就是要争取参与者和组织者成为命运共同体，形成共情效应，努力产生"风雨同舟，上下齐心"的共鸣。如在编制和实施乡村振兴战略的过程中，要注意在不同利益相关者之间形成有效的利益联结机制，激励大家合力推进乡村振兴，让广大农民和其他参与者在共商共建过程中有更多的获得感，实现共享共赢发展。

重视规划的战略思维，要在规划的编制和实施过程中，统筹处理"尽力而为"与"量力而行"、增强信心与保持耐心的关系，协调处理规划制订、实施紧迫性与循序渐进的关系。

重视规划的战略思维，还要注意增强乡村振兴规划的开放性和包容性。增强规划的开放性，要注意提升由外及内的规划视角，综合考虑外部环境变化、区域或城乡之间竞争—合作关系演变、新的科技革命和产业革命，甚至交通路网、信息网发展和转型升级对本地区本部门实施乡村振兴战略的影响，规避因规划的战略定位简单雷同、战略手段模仿复制，导致乡村振兴区域优势和竞争特色的弱化，进而带来乡村振兴的低质量发展。增强规划的包容性，不仅要注意对不同利益相关者的包容，注意调动一切积极因素参与乡村振兴；还要注意区域之间、城乡之间发展的包容，积极引导部门之间、区域之间、城乡之间加强乡村振兴的合作。如在推进乡村产业兴旺的过程中，引导区域之间联合打造区域品牌，合作打造公共服务平台、培育产业联盟等。实际上，增强乡村振兴规划的开放性和包容性，也有利于推进乡村产业振兴、人才振兴、文化振兴、生态振兴和组织振兴"一起上"，更好地坚持乡村全面振兴，增进乡村振兴的协同性、关联性和整体性，统筹提升乡村的多种功能和价值。要注意在开放、包容中，培育乡村振兴的区域特色和竞争优势。

（三）丰富网络经济视角

当今世界，随着全球化、信息化的深入推进，网络经济的影响日益深化和普遍化。根据梅特卡夫法则，网络的价值量与网络节点数的平方成正比。换句话说，如果网络中的节点数以算术级速度增长，网络的价值就会以指数级速度增长。与此相关的是，新网络用户的加入往往导致所有用户的价值都会迅速提升；网络用户的增多，会导致网络价值迅速膨胀，并进一步带来更多新的用户，产生正向反馈循环。网络会鼓励成功者取得更大的成功，这就是网络经济学中的"回报递增"。如果说传统社会更关注对有形空间的占有和使用效率，那么，网络社会更关注价值节点的分布和链接，在这里"关系甚至比技术质量更重要"。按照网络经济思维，要注意把最合适的东西送到最合适的人手中，促进社会资源精准匹配。

随着交通路网特别是高铁网、航空网和信息网络基础设施的发展，在实施乡村振兴战略的过程中，如何利用网络效应、如何培育网络效应的问题迅速凸显起来。任何网络都有节点和链接线两类要素，网络功能是二者有机结合、综合作用的结果。在实施乡村振兴战略的过程中，粮食生产功能区、重要农产品生产保护区、特色农产品优势区、农村产业融合示范园、中心村、中心镇等载体都可以看作推进乡村振兴的网络节点，交通路网基础设施、信息网络基础设施都可以看作推进乡村振兴的链接线；也可以把各类新型经营主体、各类社会组织视作推进乡村振兴的网络节点，把面向新型经营主体或各类社会组织的服务体系看作链接线；把产业兴旺、生态宜居、乡风文明、治理有效、生活富裕等五大维度，或乡村产业振兴、人才振兴、文化振兴、生态振兴、组织振兴等五大振兴作为推进乡村振兴的网络节点，把推进乡村振兴的体制机制、政策环境或运行生态建设作为链接线，这也是一种分析视角。在实施乡村振兴战略的过程中，部分关键性节点或链接线建设，对于推进乡村振兴的高质量发展，可能具有画龙点睛的作用。在编制乡村振兴战略规划的过程中需要高度重视这一点。

如果推进乡村振兴的不同节点之间呈现互补关系，那么，推进乡村振兴的重大节点项目建设或工程、行动，在未形成网络效应前，部分项目、工程、行动的单项直接效益可能不高；但待网络轮廓初显后，就可能在这些项目或工程、行动之间形成日趋紧密、不断增强的资源、要素、市场或环境联系，达到互为生态、相互烘托、互促共升的效果，产生日益重大的经济、社会、生态、文化价值，带动乡村功能价值的迅速提升。甚至在此背景下，对少数关键性节点或链接线建设的投资或支持，其重点也应从追求项目价值最大化转向追求网络价值最大化。当然，如果推进乡村振兴的不同节点或链接线之间呈现互斥关系，则部分关键性节点或链接线建设的影响，可能正好相反，要防止其导致乡村价值的迅速贬值。

在乡村振兴规划的编制和实施过程中，培育网络经济视角，对于完善乡村振兴的规划布局，更好地发挥新型城镇化或城市群对乡村振兴的引领、辐射、带动作用具有重要意义。中央经济工作会议提出，要"提高城市群质量，推进大中小城市网络化建设，增强对农业转移人口的吸引力和承载力"。要注意通过在城市群内部培育不同类型城市之间错位发展、分工协作、优势互补、网络发展新格局，带动城市群质量的提高，更好地发挥城市群对解决工农城乡发展失衡、"三农"发展不充分问题的辐射带动作用，也要注意引导县城和小城镇、中心村、中心镇、特色小镇甚至农村居民点、农村产业园或功能区，增进同所在城市群内部区域中心城市（镇）之间的分工协作和有机联系，培育网络发展新格局，为带动提升乡村功能价值创造条件。

要结合培育网络经济视角，在乡村振兴规划的编制和实施过程中，加强对乡村振兴的分类施策。部分乡村能够有效融入所在城市群，或在相互之间能够形成特色鲜明、分工协作、优势互补的网络发展新关联，应该积极引导其分别走上集聚提升型、城郊融合型、卫星村镇型、特色文化或景观保护型、向城市转型等不同发展道路。部分村庄日益丧失生存发展的条件，或孤立于所在城市群或区域性的生产生活网络，此类村庄的衰败不仅是难以根本扭转的趋势，还可以为在总体上推进乡村振兴创造更好的条件。如果不顾条件，盲目要求此类乡村实现振兴，将会付出巨大的经济社会或生态文化代价，影响乡村振兴的高质量发展和可持续发展。

此外，用网络经济视角编制和实施乡村振兴规划，还要注意统筹谋划农村经济建设、政治建设、文化建设、社会建设、生态文明建设和党的建设，提升乡村振兴的协同性、关联性，加强对乡村振兴的整体部署，完善乡村振兴的协同推进机制。按照网络经济视角，链接大于拥有，代替之前的"占有大于一切"。因此，在推进乡村振兴的过程中，要注意通过借势发展带动造势发展，创新"不求所有，但求所用"方式，吸引位居城市的领军企业、领军人才参与和引领乡村振兴，更好地发挥"四两拨千斤"的作用。这样也有利于促进乡村振兴过程中的区域合作、部门合作、组织合作和人才合作，用开放、包容的理念推进乡村振兴过程中资源、要素和人才质量的提升。

（四）把编制规划作为撬动体制机制改革深入推进的杠杆

在实施乡村振兴战略的过程中，推进体制机制改革和政策创新具有关键性的影响。有人说，实施乡村振兴战略，关键是解决"人、地、钱"的问题。先不评论这种观点，但解决"人、地、钱"的问题关键又在哪里？还是体制机制改革问题。在编制乡村振兴战略规划的过程中，提出推进体制机制改革、强化乡村振兴制度性供给的思路或路径固然是重要的，但采取有效措施，围绕深化体制机制改革提出一些切实可行的方向性、目标性要求，把规划的编制和实施转化为撬动体制机制改革深入推进的杠杆，借此唤醒系列、连锁改革的激发机制，对提升规划质量、推进乡村振兴的高质量发展更有重要意义，正如"授人以鱼不如授人以渔"一样。

在这些地区，不仅产业结构要转型升级，人口、经济甚至民居、产业园的布局方式也期待转型升级。之前那种"普遍撒网""村村点火"的布局方式，后遗症越来越大。无论是发展先进制造业，还是发展服务业，都要求在空间布局上更加集中集聚，形成集群集约发展态势。在这些地区，有些乡村目前可能感觉还不错，似乎规划部门给它的新上项目"松"个口子，前景就会很好。但从长远来看，实际情况可能不是这样。规划部分给它"松"个口子，乡村暂时的日子可能好过点，但只能说是"苟延残喘"一段时间，今后要解决问题的难度更大，因为"沉没成本"更多了。还有前述生态问题、乡村治理问题，包括我们党组织怎么发挥作用的问题，越早重视越主动，越晚越被动。许多问题如果久拖不决，未来的结果很可能是下列三种结果之一：

第一种结果是慢慢把问题拖下去。但是，越不想改变现状，越对改变现状有畏难情绪，时间长了解决问题的难度就越大，也就越难以解决。这种结果对地方经济社会发展的长期负面影响更大，更容易因为当前治理的犹豫不决，导致未来发展问题的积重难返，甚至盛极而衰。当然，这很可能要到若干年后，问题才会充分暴露出来。第二种结果是有朝一日，环保、治安、消防、党建等问题引起居民强烈不满或媒体关注，或上级考核发出警告，导致政府不得不把其视为当务之急。第三种结果是发生类似火灾、爆炸伤人等恶性安全事故，不得不进行外科大手术式治理，但这种结果的代价可能太惨烈。

显然，这三种结果都不是理想结果，都有很大的后遗症。第二种、第三种结果对地方党政领导人的负面影响很大。习近平总书记要求"坚决打好防范化解重大风险、精准脱贫、污染防治的攻坚战"。在这些地区，乡村产业园改造和城中村治理问题不解决好，这三大攻坚战都难以打好，甚至会加重重大风险、城中村贫困、污染严重化等问题。

但解决上述问题难度很大，仅靠一般性的加强政策甚至投入支持，无异于画饼充饥，亟待在各级政府高度重视解决问题紧迫性的基础上，通过加强相关综合改革的试点试验和推广工作，为解决这些复杂严峻的区域乡村振兴问题探索新路。中央一号文件要求"做好农村综合改革、农村改革试验区等工作"，应加强对这些地区的支持，鼓励其以加强城中村、乡村产业园治理或其他具有区域代表性的特色问题治理为重点，开展农村综合改革和农村改革试验区工作。也可鼓励这些地区直接创建"城乡融合发展体制机制改革试验区"，率先探索、推进城乡融合发展的体制机制和政策创新。

中央农村工作会议提出，要"走中国特色社会主义乡村振兴道路"，重点围绕各地区乡村振兴亟待解决的重大难点问题，组织相关体制机制改革和政策创新的试验，这也是为形成具有区域特色的乡村振兴道路探索了一条新路。推进乡村振兴，每个地方都应走有区域特色的乡村振兴道路。中国特色的社会主义乡村振兴道路,应该是由各地富有区域特色的乡村振兴道路汇聚而成的。

(五) 加强规划精神和典型经验的宣传推广

为强化乡村振兴的规划引领,加强规划编制和实施工作固然是重要的,但加强规划精神、规划思路的宣传推广更加不可或缺。这不仅有利于推进乡村振兴的利益相关者更好地理解乡村振兴规划的战略意图,增强其实施规划的信心和主动性、积极性,还有利于将乡村振兴的规划精神更好地转化为推进乡村振兴的自觉行动,有利于全党全社会凝精聚力,提升推进乡村振兴的水平和质量。加强对乡村振兴规划精神的宣传推广,要结合规划编制和实施过程中的调研,加强对典型经验、典型模式、典型案例的分析总结,将加强顶层设计与鼓励基层发挥首创精神结合起来,发挥榜样的示范引领作用,带动乡村振兴规划编制和实施水平的提高。近年来,许多发达地区在推进社会主义新农村或美丽乡村建设方面走在全国前列,探索形成了一系列可供借鉴推广的乡村振兴经验。也有些欠发达地区结合自身实际,在部分领域发挥了推进乡村振兴探路先锋的作用。要注意不同类型典型经验、典型模式、典型案例的比较研究和融合提升,借此提升其示范推广价值。如近年来在安徽宿州率先发展起来的现代农业产业化联合体、在四川成都兴起的"小(规模)组(组团式)微(田园)生(态化)"新农村综合体、在浙江探索乡村的现代农业综合体,都各有成效和特色,值得我们借鉴推广。

有些地区在推进乡村振兴方面虽然提供了一些经验,但提供的教训可能更加深刻。加强对这些教训的分析研究甚至案例剖析,对于提升乡村振兴规划编制、实施的水平与质量,更有重要意义。宣传典型经验,如果只看好的,不看有问题的,可能会错失大量的提升机会,对此不可大意。当然,对待这些"称得上"教训的案例分析,也要有历史的耐心,要注意其发展阶段和中长期影响。有些模式在发展初期,难免遇到"成长中的烦恼",但跨越这一阶段后,就可能"柳暗花明"或"前程似锦"。

第二节 乡村振兴战略规划制订的基础与分类

制订乡村振兴战略规划要正确处理好五大关系,在此基础上,要把握好乡村振兴战略的类型与层级。

一、乡村振兴战略规划制订的基础

乡村振兴战略规划是一个指导未来 30 余年乡村发展的战略性规划和软性规划，涵盖范围非常广泛，既需要从产业、人才、生态、文化、组织等方面进行创新，又需要统筹特色小镇、田园综合体、全域旅游、村庄等重大项目的实施。因此，乡村振兴战略规划的制订首先须理清五大关系，即 20 字方针与五个振兴的关系；五个振兴之间的内在逻辑关系；特色小镇、田园综合体与乡村振兴的关系；全域旅游与乡村振兴的关系；城镇化与乡村振兴的关系。

20 字方针与五个振兴的关系：产业兴旺、生态宜居、乡风文明、治理有效、生活富裕的 20 字方针是乡村振兴的目标，而习近平总书记提出的产业振兴、人才振兴、文化振兴、生态振兴、组织振兴是实现乡村振兴的战略逻辑，亦即 20 字乡村振兴目标的实现需要五个振兴的稳步推进。

五个振兴之间的内在逻辑关系：产业振兴、人才振兴、文化振兴、组织振兴、生态振兴共同构成乡村振兴不可或缺的重要因素。其中，产业振兴是乡村振兴的核心与关键，而产业振兴的关键在人才，以产业振兴与人才振兴为核心，五个振兴间构成互为依托、相互作用的内在逻辑关系。

全域旅游与乡村振兴的关系：全域旅游与乡村振兴同时涉及区域的经济、文化、生态、基础设施与公共服务设施等各方面的建设，通过"旅游+"建设模式，全域旅游在解决"三农"问题、拓展农业产业链、助力脱贫攻坚等方面发挥重要作用。

城镇化与乡村振兴的关系：乡村振兴战略的提出，并不是要否定城镇化战略，相反，两者是在共生发展前提下的一种相互促进关系。首先，在城乡生产要素的双向流动下，城镇化的快速推进将对乡村振兴起到辐射带动作用。其次，乡村振兴成为解决城镇化发展问题的重要途径。

二、乡村振兴战略规划的类型与层级

（一）乡村振兴战略规划的类型

1. 综合性规划

乡村规划是特殊类型的规划，需要生产与生活结合。乡村现有规划为多部门项目规划，少地区全域综合规划，运行规则差异较大，如财政部门管一事一议、环保部门管环境集中整治、农业部门管农田水利、交通部门管公路建设、建设部门管居民点撤并等。因此乡村规划应强调多学科协调、交叉，需要规划、建筑、景观、生态、产业、社会等各个相关学科的综合引入，实现多规合一。

2. 制度性规划

乡村规划与实施管理的复杂性凸显：一是产业收益的不确定性导致的村民收入的不稳定性；二是乡村建设资金来源的多元性；三是部门建设资金的项目管理转向综合管理。乡村规划与实施管理的表征是对农村地区土地开发和房屋建设的管制，实质是对土地开发权及其收益在政府、市场主体、村集体和村民的制度化分配与管理。与此相悖，我国的现代乡村规划是建立在制度影响为零的假设之上，制度的忽略使得规划远离了现实。因此乡村规划与实施管理重心、管理方法和管理工具需要不断调整，乡村规划制度的重要性凸显。

3. 服务型规划

乡村规划是对乡村空间格局和景观环境方面的整体构思和安排，既包括乡村居民点生活的整体设计，体现乡土化特征，也涵盖乡村农牧业生产性基础设施和公共服务设施的有效配置。同时乡村规划不是一般的商品和产品，实施的主体是广大的村民、村集体乃至政府、企业等多方利益群体，在现阶段基层技术管理人才不足的状况下，需要规划编制单位在较长时间内提供技术型咨询服务。

4. 契约式规划

乡村规划的制订是政府、企业、村民和村集体对乡村未来发展和建设达成的共识，形成有关资源配置和利益分配的方案，缔结起政府、市场和社会共同遵守和执行的"公共契约"。乡村规划须经村民会议讨论同意、由县级人民政府批准和不得随意修改等原则要求，显示乡村规划具有私权民间属性，属于没有立法权的行政机关制定的行政规范性文件，具有不同于纯粹的抽象行政行为的公权行政属性和"公共契约"的本质特征。

（二）乡村振兴战略规划的层级

1. 国家级乡村振兴战略规划

实施乡村振兴战略是党和国家的大战略，必须规划先行，强化乡村振兴战略的规划引领。国家级乡村振兴规划是指导全国各省制订乡村振兴战略规划的行动指南。

2. 省级乡村振兴战略规划

省级乡村振兴战略规划要结合各自省情来制订，一般与国家级乡村振兴战略规划同步。各省乡村振兴战略规划也要按照产业兴旺、生态宜居、乡风文明、治理有效、生活富裕的总要求，对各省实施乡村振兴战略做出总体设计和阶段谋划，明确目标任务，细化实化工作重点、政策措施、推进机制，部署重大工程、重大计划、重大行动，确保全省乡村振兴战略扎实推进。省级乡村振兴战略规划是全省各地各部门编制地方规划和专项规划的重要依据，是有序推进乡村振兴的指导性文件。

3. 县域乡村振兴战略规划

乡村振兴，关键在县。县委书记是乡村振兴的前线总指挥，是落地实施的第一责任人。乡村振兴不是一个形象工程，也不是一个贸然行动，它需要在顶层设计引领下，在县域层面分步踏实地推进。县域乡村振兴是国家乡村振兴战略推进与实施的核心与关键，应该以国家和省级战略为引导，以市场需求为依托，突破传统村镇结构，在城镇规划体系的基础上，构建既区别于城市，又与城市相互衔接、相互融合的"乡村规划新体系"，进行科学系统的规划编制，保证乡村振兴战略的有效实施。

（1）县域乡村振兴规划体系

县域乡村振兴规划是涉及五个层次的一体化规划，即《县域乡村振兴战略规划》《县域乡村振兴总体规划》《乡/镇/聚集区（综合体）规划》《村庄规划》《乡村振兴重点项目规划》。一是县域乡村振兴战略规划。县域乡村振兴战略规划是发展规划，需要在进行现状调研与综合分析的基础上，就乡村振兴总体定位、生态保护与建设、产业发展、空间布局、居住社区布局、基础设施建设、公共服务设施建设、体制改革与治理、文化保护与传承、人才培训与创业孵化十大内容，从方向与目标上进行总体决策，不涉及细节指标。县域乡村振兴战略规划应在新的城乡关系下，在把握国家城乡发展大势的基础上，从人口、产业的辩证关系着手，甄别乡村发展的关键问题，分析乡村发展的动力机制，构建乡村的产业体系，引导村庄合理进行空间布局，重构乡村发展体系，构筑乡村城乡融合的战略布局。二是县域乡村振兴总体规划。县域乡村振兴总体规划是与城镇体系规划衔接的，在战略规划指导下，落地到土地利用、基础设施、公共服务设施、空间布局与重大项目，而进行的一定期限的综合部署和具体安排。在总体规划的分项规划之外，可以根据需要，编制覆盖全区域的农业产业规划、旅游产业规划、生态宜居规划等专项规划。此外，规划还应结合实际，选择具有综合带动作用的重大项目，从点到面布局乡村振兴。三是乡/镇/聚集区（综合体）规划。聚集区（综合体）为跨村庄的区域发展结构，包括田园综合体、现代农业产业园区、一二三产业融合先导区、产居融合发展区等。其规划体例与乡镇规划一致。四是村庄规划。村庄规划是以上述规划为指导，对村庄发展提出总体思路，并具体到建设项目，是一种建设性规划。五是乡村振兴重点项目规划。重点项目是对乡村振兴中具有引导与带动作用的产业项目、产业融合项目、产居融合项目、现代居住项目的统一称呼，包括现代农业园、现代农业庄园、农业科技园、休闲农场、乡村旅游景区等。规划类型包括总体规划与详细规划。

（2）县域乡村振兴的规划内容

一是综合分析。乡村振兴规划应针对"城乡发展关系"以及"乡村发展现状"，进行全面、细致、详实的现场调研、访谈、资料搜集和整理、分析、总结。二是战略定位及发展目标。乡村振兴战略定位应在国家乡村振兴战略与区域城乡融合发展的大格局下，运用系统性思维与顶层设计理念，通过乡村可适性原则，确定具体的主导战略、发展路径、发展模式、发展愿景等。三是九大专项规划。产业规划：立足产业发展现状，充分考虑国际国内及区域经济发展态势，以现代农业三大体系构建为基础，以一、二、三产业融合为目标，对当地三次产业的发展定位及发展战略、产业体系、空间布局、产业服务设施、实施方案等进行战略部署。生态保护建设规划：统筹山水林田湖草生态系统，加强环境污染防治、资源有效利用、乡村人居环境综合整治、农业生态产品和服务供给，创新市场化多元化生态补偿机制，推进生态文明建设，提升生态环境保护能力。空间布局及重点项目规划：以城乡融合、三生融合为原则，县域范围内构建新型"城—镇—乡—聚集区—村"发展及聚集结构，同时要形成一批重点项目，形成空间上的落点布局。居住社区规划：以生态宜居为目标，结合产居融合发展路径，对乡镇、聚集区、村庄等居住结构进行整治与规划。基础设施规划：以提升生产效率、方便人们生活为目标，对生产基础设施及生活基础设施的建设标准、配置方式、未来发展做出规划。公共服务设施规划：以宜居生活为目标，积极推进城乡基本公共服务均等化，统筹安排行政管理、教育机构、文体科技、医疗保健、商业金融、社会福利、集贸市场等公共服务设施的布局和用地。体制改革与乡村治理规划：以乡村新的人口结构为基础，遵循"市场化"与"人性化"原则，综合运用自治、德治、法治等治理方式，建立乡村社会保障体系、社区化服务结构等新型治理体制，满足不同乡村人口的需求。人才培训与孵化规划：统筹乡村人才的供需结构，借助政策、资金、资源等的有效配置，引入外来人才、提升本地人才技能水平、培养职业农民、进行创业创新孵化，形成支撑乡村发展的良性人才结构。文化传承与创新规划：遵循"在保护中开发，在开发中保护"的原则，对乡村历史文化、传统文化、原生文化等进行以传承为目的的开发，在与文化创意、科技、新兴文化融合的基础上，实现对区域竞争力以及经济发展的促进作用。四是三年行动计划。首先，制度框架和政策体系基本形成，确定行动目标。其次，分解行动任务，包括深入推进农村土地综合整治，加快推进农业经营和产业体系建设，农村一、二、三产业融合提升，产业融合项目落地计划，农村人居环境整治等。同时制定政策支持、金融支持、土地支持等保障措施，最后安排近期工作。

第三节 乡村产业振兴

产业兴则百业兴,做好乡村振兴这篇大文章,首要任务是推动乡村产业振兴。乡村产业面临再度振兴繁荣、兴旺发达的重要历史机遇期,加快推动中国特色乡村产业振兴,对提升我国大国农业竞争力、实现农业农村现代化具有深远意义。

一、乡村产业振兴的发展潜力与重点任务

自改革开放以来,我国乡村产业发展迅猛。进入新时代,我国乡村产业振兴的前景广阔。当前,我国乡村产业振兴的重点任务是保障农产品有效供给、保持生态涵养、带动农民就业增收、促进城乡融合发展。

(一) 乡村产业振兴的发展潜力

我国在乡村产业发展上进行了长期的不懈探索,从计划经济时期崭露头角的社队企业,到20世纪80年代异军突起的乡镇企业,再到90年代快速发展的农业产业化经营,这些探索和实践在特定历史阶段都发挥了重要的作用,为国民经济和社会的快速发展做出了历史性贡献。与此同时,在发展的过程中也不同程度地面临着一系列问题,表现虽各有差异,本质上则是深层次的体制机制矛盾。外部矛盾在于工农城乡发展不平衡,资源要素交换不平等,农业农村难以获得平等的发展机会;内部矛盾在于乡村发展环境有待改善,农村产权制度不完善、经营机制不灵活、资源优势难体现、集聚效应难形成。

近年来,随着城乡一体化进程加快推进,强农惠农政策力度不断加大,农村基础设施和公共服务逐步改善,大众消费需求提档升级,乡村产业发展又焕发了新的生机活力。传统产业加快转型升级、新产业新业态加速培育壮大,大大激发了农业农村经济发展活力,改善了乡村产业发展的内外部环境,为农业农村现代化发展提供了持续稳定的新动能。

乡村产业有着广阔的发展空间,蕴藏着推动农村经济社会发生深刻变化的巨大潜力。实现中国特色乡村产业振兴,就是要围绕全面建成小康社会目标和"四化同步"发展要求,立足我国基本国情农情和农村经济比较优势,以保障农产品供给、提高农民生活水平、实现乡村振兴为目标,以全面提高乡村人口承载力、产业竞争力和可持续发展能力为方向,以现代农业产业体系、生产体系、经营体系为支撑,以农村一、二、三产业融合为纽带,强化改革驱动,突出双创引领,大力发展新产业新业态,构建产业门类合理布局、资源要素有效集

聚、创新能力稳步提升、内生动力充分激发、综合效益明显提高的产业体系，形成与城镇产业科学分工、优势互补、结构优化、合作发展，富有中国特色的乡村产业发展新格局。

中国特色乡村产业的内涵和外延十分丰富，在发展中要把握好四条原则。一是坚持以农为本，这是乡村产业发展的基本前提。乡村产业发展必须扎根于农村、立足于农业、服务于农民，充分利用农村特有的资源优势、人文条件、生态风光，将农村作为长期发展的坚实基础。二是坚持协调带动，这是乡村产业发展的本质要求。要把产业发展落到促进农民增收、农村繁荣上来，在保持乡村生态环境、乡土风情、公序良俗的基础上，走生产发展、生活富裕、生态良好的发展道路。三是坚持融合发展，这是乡村产业发展的必要途径。要进一步延长产业链条，拓展产业空间，促进农村一、二、三产业交叉融合，发展新产业新业态新模式，孕育乡村发展的新动能。四是坚持充满活力，这是乡村产业发展的衡量指标。产业发展得好或不好，关键是看产业是否具有活力。要不断培育新型经营主体，深入推进创业创新，引领乡村产业参与市场竞争，塑造核心优势，实现可持续发展。

（二）乡村产业振兴的重点任务

乡村产业振兴任务艰巨，不同产业的功能定位不尽相同，要准确把握发展目标和方向，突出四个重点任务。

1. 保障农产品有效供给

保障国家粮食和重要农产品供给安全，是乡村产业发展的第一要义。要巩固提升粮食等重要大宗农产品生产能力，确保国家粮食安全。调整优化农业结构，推进农业由增产导向转向提质导向，立足农村资源禀赋优势，大力发展农产品加工业、休闲农业、乡村旅游、劳动密集型加工制造业、生产性和生活性服务业，提高农业供给体系质量与效率，满足居民日益增长的绿色优质物质产品和生态文化等精神产品需求。

2. 保持生态涵养

要坚持绿色发展理念，大力推行绿色生产生活方式，统筹山水田林湖草系统治理。强化政府与市场主体的生态环境保护责任，加强对可能产生污染的重点领域、重点产业监管，强化产业内部重点环节环境风险管控，应用先进适用的环保技术设备，尽可能降低对环境的负外部性。发挥乡村生态优势，大力发展乡村绿色生态环保产业，加强乡村资源回收利用和污染治理，将绿水青山打造成金山银山。

3. 带动农民就业增收

要以人民为中心，把产业发展落到促进农民增收上来，全力以赴消除农村贫困，推动乡村生活富裕。继续推进城镇化进程，通过减少农民来富裕农民，促使农村人口和劳动力向城市转移定居。但要看到，这个过程是相对缓慢和持续的过程，即便是城镇化率达到发达国家水平，我国仍有数以亿计的人口留在农村，他们生产、生活都需要产业支撑。乡村产业发展必须担负起创造稳定乡村就业的功能，实现农民更高质量就业，密切与农民的利益联结，促进农民收入持续快速增长。应大力发展乡村非农产业，充分发挥其带动就业、促进增收方面的显著作用。

4. 促进城乡融合发展

要立足城乡不同资源禀赋优势，通过产业错位布局、协同配合，整合城乡各类生产要素，实现城乡融合发展。一方面，要加强城乡产业之间的衔接和配套，将城市产业的部分配套产业如原材料生产和初加工等放在乡村，乡村产业的部分配套产业如产品设计、终端销售和配送等放在城市，充分发挥城乡比较优势，产业各个环节优化布局，实现互促共进双赢。另一方面，要加快引导城市的先进生产要素如人才、资金、技术、管理、信息等进入乡村产业，提升乡村产业发展能力与水平，开辟更广阔的空间，通过产业发展一体化，有效缩小城乡差距。

要高度重视我国乡村产业层次较低、资源利用较为粗放、对人才资金技术等要素的吸引力不强、经济效益相对低下等发展质量问题。当前和今后一个时期，要以推动乡村产业高质量发展为主线，进一步明确和细化乡村产业发展战略目标。着眼于增强产业实力，加强龙头带动，培育规模以上工业企业和农业产业化龙头企业，提升产业竞争力；加快推进提质增效，提高单位面积经济密度，提高资源利用率、劳动生产率；优化产业结构，提高主导产业产值比重，增强就业增收带动能力。着眼于增强产业内生动力，强化体制机制创新，引进乡村外部的人才、资本和管理理念，建立合理的利益联结机制；加快新产品开发和新技术新模式应用，多渠道开拓市场，多元化培育新产业新业态，促进产品服务价值实现；注重科技创新、扩大研发支出，提高全要素生产率。着眼于增强产业可持续发展能力，倡导绿色发展理念，注重节约资源、保护环境、造福社会、和谐发展，降低单位产出能源资源消耗，增加环境保护投入，降低污染物排放水平，实现污染物达标排放，鼓励发展清洁生产，加强废弃物处理和资源化利用，不断提高生态效益和社会效益。

二、完善乡村产业振兴的支持政策及具体举措

乡村产业振兴要发挥好政府和市场两方面的应有作用。政府层面要抓紧制订乡村产业振兴计划，编制重点发展的基础产业目录、重点支持的经营业态目录、重点建设的产业体系目录，建立产业效率评估体系。市场层面要大力消除阻碍资源要素自由流动平等交换的

体制机制性障碍，激活要素活力、市场活力、主体活力。

(一) 完善乡村产业振兴的支持政策

1. 推进城乡要素分配均等化、公共服务供给一体化

全面落实城乡统一、重在农村的基础设施建设保障机制，完善农村水电路气房网等基础设施。把农业农村作为财政支出的优先保障领域，中央预算内投资继续向农业农村倾斜，优化投入结构，创新使用方式，提升支农效能；加大各级财政对主要粮食作物保险的保费补贴力度，建立对地方优势特色农产品的保险补贴政策。引导资金流向农业农村，全面落实农村金融机构存款主要用于农业农村发展的考核约束机制，实施差别化货币政策，健全覆盖市县的农业信贷担保体系，改革抵押物担保制度，完善抵押物处置机制，扩大涉农贷款规模，推广政府和社会资本合作 PPP 模式，撬动金融和社会资本注入农业。对城市资本、人才、技术等要素下乡兴业制定优惠政策，引导外部要素向农村流动。

2. 继续深化农村重点领域改革

通过改革，创新乡村产业振兴制度供给，优化资源要素配置方式。深化农村土地制度改革，落实第二轮土地承包到期后再延长 30 年政策，在基本完成承包地确权登记颁证的基础上强化确权成果应用，完善农村土地"三权分置"制度，加快培育新型经营主体，发展多种形式适度规模经营。加快推进农村"三块地"改革，完善新增建设用地保障机制，将年度新增建设用地计划指标确定一定比例用于支持农村新产业新业态发展，抓紧完善农民闲置宅基地和闲置农房政策，探索宅基地所有权、资格权、使用权"三权分置"，允许通过村庄整治、宅基地整理等节约的建设用地采取入股、联营等方式，重点支持乡村休闲旅游等产业和农村一、二、三产业融合发展。深化农村集体产权制度改革，全面开展清产核资、集体经济组织成员身份确认、股权量化等工作，研究赋予农村集体经济组织特别法人资格的办法。培育壮大农村集体经济，稳妥开展资源变资本、资金变股金、农民变股东、自然人农业变法人农业的改革，打造服务集体成员、促进普惠均等的农村集体经济组织。推进农业农村管理体制改革，严格落实各级党委抓农村基层党建工作责任制，发挥县级党委"一线指挥部"作用，实现整乡推进、整县提升。深化农村社区建设试点工作，完善多元共治的农村社区治理结构。深化农村精神文明建设，提高农民文明素质和农村社会文明程度。构建农业生产投入一体设计、农村一、二、三产业统一管理、农业国内国际"两种资源、两个市场"统筹调控的大农业管理格局。

3. 打造多元化、特色化的乡村产业融合发展格局

发展特色乡村产业，发挥区域特色与优势，打造一大批优质专用、特色明显、附加值

高的主导产品，做强做大区域公用品牌；围绕有基础、有特色、有潜力的产业，创建一批带动农民能力强的现代农业产业园，建立农民充分分享二、三产业增值收益的体制机制。壮大新产业新业态，大力发展乡村休闲农业、乡村旅游、森林康养等多元化乡村产业，推进农业、林业与旅游、文化、康养等产业深度融合；加快发展农村电商，加快建立健全适应农产品电商发展的标准体系，支持农产品电商平台和乡村电商服务站点建设，发展电商产业园；加快发展现代食品产业，在优势农产品产地打造食品加工产业集群，积极推进传统主食工业化、规模化生产。完善小农户发展政策和机制体系，持续推进农业保险扩面、增品、提标，探索开展价格保险、收入保险试点，推广"保险+期货"模式；支持农户与新型经营主体通过订单农业、股份合作等形式建立紧密的利益联结机制，让处于产业链低端的小农户也能分享财政支农的政策红利、参与全产业链和价值链的利益分配。

（二）推进乡村产业振兴的具体举措

1. 优化涉农企业家成长发育的环境，鼓励新型农业经营（服务）主体等成为农业农村延伸产业链、打造供应链、提升价值链、完善利益链的中坚力量

推进乡村产业振兴，必须注意发挥涉农企业家的骨干甚至"领头雁"作用。离开了企业家的积极参与，推进乡村产业振兴就如同汽车失去了引擎。加快构建现代农业产业体系、生产体系、经营体系，推进农村一、二、三产业融合发展，提高农业创新力、竞争力和全要素生产率，新型农业经营主体、新型农业服务主体的作用举足轻重。他们往往是推进质量兴农、绿色兴农、品牌兴农、服务兴农的生力军，也是带动农业延伸产业链、打造供应链、提升价值链的"拓荒者"或"先锋官"。发展多种形式的农业适度规模经营，也离不开新型农业经营主体、新型农业服务主体的积极作用和支撑带动。这些新型农业经营主体、新型农业服务主体带头人，往往是富有开拓创新精神的涉农企业家。各类投资农业农村产业发展的城市企业、工商资本带头人，往往资金实力强，发展理念先进，也有广阔的市场和人脉资源。他们作为企业家，不仅可以为发展现代农业、推进农业农村产业多元化和综合化发展，带来新的领军人才和发展要素；还可以为创新农业农村产业的发展理念、组织方式和业态、模式，为拓展和提升农业农村产业的市场空间、促进城乡产业有效分工协作提供更多的"领头雁"，更好地带动农业农村延伸产业链、打造供应链、提升价值链。推进乡村产业兴旺，给许多乡村新产业、新业态、新模式的成长带来了"黄金机遇期"，也为城市企业、工商资本参与乡村振兴提供了可以发挥比较优势、增强竞争优势的新路径。如在发展农业生产性服务业和乡村旅游业，城市企业、工商资本具有较强的比较

优势。

支持各类企业家在推进乡村产业振兴中建功立业，关键是优化其成长发育的环境，帮助其降低创新创业或推进产业兴旺的门槛、成本和风险。要结合农业支持政策的转型，加强对新型农业经营主体、新型农业服务主体的倾斜性、制度化支持，引导其将提高创新力、竞争力、全要素生产率和增强对小农户发展现代农业的带动作用有机结合起来。要结合构建农村一、二、三产业融合发展体系和加快发展农业生产性服务业，鼓励专业大户、家庭农场、农民合作社、农业产业化龙头企业等新型农业经营主体或农业企业、农资企业、农产品加工企业向新型农业服务主体或农村产业融合主体转型，或转型成长为农业生产性服务综合集成商、农业供应链问题解决方案提供商，带动其增强资源整合、要素集成、市场拓展提升能力，进而提升创新力和竞争力，成为推进乡村产业兴旺的领军企业或中坚力量。结合支持这些转型，引导传统农民、乡土人才向新型职业农民转型，鼓励城市人才或企业家"下乡"转型为新型职业农民或农业农村产业领域的企业家。

要结合支持上述转型，鼓励企业家和各类新型经营主体、新型服务主体、新型融合主体等在完善农业农村产业利益链中发挥骨干带动作用。通过鼓励建立健全领军型经营（服务）主体、普通经营（服务）主体、普通农户之间，以及农业农村专业化、市场化服务组织与普通农户之间的利益联结和传导机制，增强企业家或新型经营主体、新型服务主体、新型融合主体对小农户增收和参与农业农村产业发展的辐射带动力，更好地支持小农户增强参与推进乡村产业兴旺的能力和机会。部分高效生态循环的种养模式、部分"互联网+""旅游+""生态+"模式，也在让农民特别是小农户合理分享全产业链增值收益和带动农民提升发展能力方面进行了积极尝试。要注意引导其相互借鉴和提升，完善有利于农户特别是小农户增收提能的利益联结机制。

2. 引导督促城乡之间、区域之间完善分工协作关系，科学选择推进乡村产业振兴的重点

发展现代农业是推进乡村产业振兴的重点之一，但如果说推进乡村产业振兴的重点只是发展现代农业，则可能有些绝对。至少在今后相当长的时期内，就总体和多数地区而言，推进乡村产业振兴要着力解决农村经济结构农业化、农业结构单一化等问题，通过发展对农民就业增收具有较强吸纳、带动能力的乡村优势特色产业和企业，特别是小微企业，丰富农业农村经济的内涵，提升农业农村经济多元化、综合化发展水平和乡村的经济价值，带动乡村引人才、聚人气、提影响，增加对城市人才、资本等要素"下乡"参与乡村振兴的吸引力。因此，推进乡村产业振兴，应该采取发展现代农业和推进农业农村经济多元化、综合化"双轮驱动"的方针,二者都应是推进乡村产业振兴的战略重点。当然,发展现代农业要注意夯实粮食安全的根基,也要注意按照推进农业结构战略性调整的要求,将积极推进农业结构多元化与大力发展特色农业有效结合起来。

推进农业农村经济多元化、综合化,要注意引导农村一、二、三产业融合发展,鼓励农业农村经济专业化、特色化发展;也要注意引导城市企业、资本和要素下乡积极参与,发挥城市产业对乡村产业高质量发展的引领辐射带动作用。但哪些产业或企业适合布局在城市,哪些产业或企业适合布局在乡村或城郊地区,实际上有个区位优化选择和经济合理性问题。如果不加区分地推进城市企业进农村,不仅有悖于工业化、城镇化发展的规律,也不利于获得集聚经济、规模经济和网络经济效应,影响乡村经济乃至城乡经济的高质量发展。按照推进乡村振兴和区域经济高质量发展的要求,适宜"下乡"的企业应具有较强的乡村亲和性,能与农业发展有效融合、能与乡村或农户利益有效联结,有利于带动农业延伸产业链、打造供应链、提升价值链;或在乡村具有较强的发展适宜性、比较优势或竞争力,甚至能在城乡之间有效形成分工协作、错位发展态势。如乡村旅游业、乡村商贸流通业、乡村能源产业、乡村健康养生和休闲娱乐产业、农特产品加工业、乡土工艺品产销等乡村文化创意产业、农业生产性服务业和乡村生活性服务业,甚至富有特色和竞争力的乡村教育培训业等。当然,不同类型地区由于人口特征、资源禀赋、区位条件和发展状况、发展阶段不同,适宜在乡村发展的产业也有较大区别。

需要注意的是,推进农业农村产业多元化、综合化发展,与推进农业农村产业专业化、特色化并不矛盾。多元化和综合化适用于宏观层面和微观层面,专业化和特色化主要是就微观层面而言的,宏观层面的多元化和综合化可以建立在微观层面专业化、特色化的坚实基础之上。通过推进农业农村产业多元化、综合化和专业化、特色化发展,带动城乡各自"回归本我、提升自我",形成城乡特色鲜明、分工有序、优势互补、和而不同的发展格局。

培育一批家庭工场、手工作坊、乡村车间,鼓励在乡村地区兴办环境友好型企业。依托这些产业推进农业农村经济多元化、综合化,都容易形成比较优势和竞争力,也容易带动农民就业创业和增收。有些乡村产业的发展,不仅可以促进农业农村经济多元化、综合化和专业化、特色化发展,还可以为"以工促农""以城带乡"提供新的渠道,应在支持其发展的同时,鼓励城市产业更好地发挥对乡村关联产业发展的引领带动作用。如鼓励城市服务业引领带动农业生产性服务业和乡村生活性服务业发展。当今世界,加强对农产品地产地消的支持已经成为国际趋势。不仅与我国资源禀赋类似的日、韩等国早已注意这一点,与我国资源禀赋迥异的美国在农业政策的演变中也呈现类似趋势。形成这种趋势的一个重要原因是，支持农产品地产地消可以带动为农场、企业提供服务的储藏、加工、营销等关联产业发展，并通过促进农产品向礼品或旅游商品转化，带动农业价值链升级。这是按照以工促农、以城带乡、城乡融合、互补共促方向构建新型工农城乡关系的重要路径。但有些城市产业"下乡"进农村可能遭遇"水土不服"，导致发展质量、效益、竞争力下降，不应提倡或鼓励。至于有些产业"下乡"，容易破坏农村资源环境和文化、生态，影响可持续发展。依托这些产业的城市企业"下乡"，不仅不应鼓励，还应通过乡村产业准入负面清单等，形成有效的"屏蔽"机制，防止其导致乡村价值的贬损。

我国各地乡村资源禀赋各异，发展状况和发展需求有别。随着工业化、信息化、城镇化和农业现代化的推进，各地乡村发展和分化走势也有较大不同。在此背景下，推进乡村产业兴旺也应因地制宜、分类施策，在不同类型地区之间形成各具特色和优势、分工协作、错位发展的格局。

3. 加强支撑乡村产业振兴的载体和平台建设，引导其成为推进乡村产业振兴甚至乡村振兴的重要节点

近年来，在我国农业农村政策中，各种产业发展的载体和平台建设日益引起重视。如作为产业发展区域载体的粮食生产功能区、重要农产品生产保护区、特色农产品优势区、现代农业产业园、农村产业融合发展示范园、农业科技园区、电商产业园、返乡创业园、特色小镇或田园综合体、涉农科创新或示范推广基地、创业孵化基地，作为产业组织载体的新型农业经营主体、新型农业服务主体、现代农业科技创新中心、农业科技创新联盟和近年来迅速崛起的农业产业化联合体、农业共营制、现代农业综合体等复合型组织，以及农产品销售公共服务平台、创客服务平台、农特产品电商平台、涉农科研推广和服务平台、为农综合服务平台，以及全程可追溯、互联共享的追溯监管综合服务平台等。这些产业发展的载体或平台往往瞄准了影响乡村产业振兴的关键环节、重点领域和瓶颈制约，整合资源、集成要素、激活市场，甚至组团式"批量"对接中高端市场，实现农业农村产业的连片性、集群化、产业链一体化开发，集中体现现代产业发展理念和组织方式，有效健全产业之间的资源、要素和市场联系，是推进农业质量变革、效率变革和动力变革的先行者，也是推进农业农村产业多元化、综合化发展的示范者。以这些平台或载体建设为基础推进产业振兴，不仅有利于坚持农业农村优先发展和城乡融合发展，还可以为推进乡村产业振兴和乡村振兴的高质量发展提供重要节点，为深化相关体制机制改革提供试点试验和示范窗口，有利于强化城乡之间、区域之间、不同类型产业组织之间的联动协同发展机制。

前述部分载体和平台的建设与运营，对于推进产业振兴甚至乡村振兴的作用，甚至是画龙点睛的。如许多地方立足资源优势推进产业开发，到一定程度后，公共营销平台、科技服务平台等建设往往成为影响产业振兴的瓶颈制约，对于增加的产品供给能在多大程度上转化为有效供给，对于产业发展的质量、效益和竞争力，往往具有关键性的影响。如果公共营销平台或科技服务平台建设跟不上，立足资源优势推进产业开发的过程，就很容易转化为增加无效供给甚至"劳民伤财"的过程，借此不仅难以实现推进产业振兴的初衷，还可能形成严重的资源浪费、生态破坏和经济损失。在此背景下，加强相关公共营销平台或科技服务平台建设，往往就成为推进乡村产业振兴的"点睛之笔"。对相关公共营销平台或科技服务平台建设，通过财政金融甚至政府购买公共服务等措施加强支持，往往可以取得"四两拨千斤"的效果。

4. 以推进供给侧结构性改革为主线，推进农业农村产业体系、生产体系和经营体系建设

推进供给侧结构性改革，其实质是用改革的办法解决供给侧的结构性问题，借此提高供给体系的质量、效率和竞争力；其手段是通过深化体制机制改革和政策创新，增加有效供给和中高端供给，减少无效供给和低端供给；其目标是增强供给体系对需求体系和需求结构变化的动态适应性和灵活性。当然，这里的有效供给包括公共产品和公共服务的供给。如前所述，推进乡村产业兴旺，应该坚持发展现代农业和推进农业农村经济多元化、综合化"双轮驱动"的方针。鉴于我国农业发展的主要矛盾早已由总量不足转变为结构性矛盾，突出表现为阶段性供过于求和供给不足并存，并且矛盾的主要方面在供给侧；在发展现代农业、推进农业现代化的过程中，要以推进农业供给侧结构性改革为主线，这是毫无疑问的。

加快构建现代农业产业体系、生产体系、经营体系，在推进农业供给侧结构性改革中占据重要地位。鉴于近年来相关研究文献较多，本文对此不再赘述，只强调积极发展农业生产性服务业和涉农装备产业的重要性与紧迫性。需要指出的是，农业生产性服务业是现代农业产业体系日益重要的组成部分，是将现代产业发展理念、组织方式和科技、人才、资本等要素植入现代农业的通道，也是增强新型农业经营（服务）主体进而增强农业创新力、竞争力的重要途径，对于推进农业高质量发展、实现服务兴农具有重要的战略意义。

根据世界银行 WDI 数据库数据计算，当前我国农业劳动生产率不及美、日等发达国家的 3%，与发达国家差距较大。其原因固然很多，但我国农业装备制造业欠发达难辞其咎，成为制约我国提升农业质量、效率和竞争力的瓶颈约束。实施质量兴农、绿色兴农甚

至品牌兴农战略，必须把推进涉农装备制造业的发展和现代化放在突出地位。无论是在农业生产领域还是在农业产业链，情况都是如此。

当前，许多国内行业处于领先地位的农产品加工企业的设备是从国外引进且国际一流的，但国内缺乏国际一流的设备加工制造和配套服务能力。这就很容易导致国内农产品加工企业的加工设备在引进时居国际一流水平，但很快就沦落为国际二流甚至三流水平。可见，农业装备水平的提高和结构升级，是提升农业产业链质量、效率和竞争力的底蕴所在，也是增强农业创新力的重要依托。随着农产品消费需求升级，农产品/食品消费日益呈现个性化、多样化、绿色化、品牌化、体验化的趋势，但在我国农业产业链，许多农业装备仍处于以"傻、大、黑、粗"为主的状态，难以满足推进农产品/食品消费个性化、多样化、绿色化、品牌化、体验化的需求，制约农产品/食品市场竞争力和用户体验的提升。近年来，我国部分涉农装备制造企业积极推进现代化改造和发展方式转变，推进智能化、集约化、科技化发展，成为从餐桌到田间的产业链问题解决方案供应商，也是推进质量兴农、绿色兴农的"领头羊"，对于完善农业发展的宏观调控、农业供应链和食品安全治理也发挥了重要作用。要按照增强农业创新力和竞争力的要求，加大引导支持力度。实际上，农业装备制造业的发展和转型升级滞后，不仅影响到农业质量、效率和竞争力的提升，在许多行业已经成为影响可持续发展的紧迫问题。如随着农业劳动力成本的提升和农产品价格波动问题的加剧，部分水果、蔬菜，特别是核桃、茶叶等山地特色农业的发展越来越多地遭遇"采收无人""无人愿收"的困扰。广西等地的经验表明，特色农机的研发制造和推广，对于发展特色农业往往具有画龙点睛的作用。推进农业农村经济多元化、综合化主要是发展问题，但在此发展过程中也要注意按照推进供给侧结构性改革的方向，把握增加有效供给、减少无效供给和增强供给体系对需求体系动态适应、灵活反应能力的要求，创新相关体制机制和政策保障，防止"一哄而上""一哄而散"和大起大落的问题。要注意尊重不同产业的自身特性和发展要求，引导乡村优势特色产业适度集聚集群集约发展，并向小城镇、产业园区、中心村、中心镇适度集中；或依托资源优势、交通优势和临近城市的区位优势，实现连片组团发展，提升发展质量、效率和竞争力，夯实其在推进乡村产业兴旺中的节点功能。

第三章 乡村旅游与乡村振兴

第一节 乡村旅游的概念及特点分析

一、乡村旅游的概念

国外乡村旅游起步较早,一些专家学者对乡村旅游的定义有着深入的研究。

乡村旅游就是农户为旅游者提供食宿等条件,使其在农场、牧场等典型的乡村环境中从事各种休闲活动的一种旅游形式。

乡村旅游指发生在乡村的旅游活动,并进一步认为乡村特点是乡村旅游整体经营销售的核心和独特卖点,是基于乡村地区,具有乡村特点、经营规模小、空间开阔和可持续发展的旅游形式。

各个国家的国情不同,学者们对乡村旅游概念的界定也不完全一致,但基本上都认同乡村区别于城市的、根植于乡村世界的乡村性是吸引旅游者进行乡村旅游的基础。

我国乡村旅游兴起于20世纪80年代。国内有众多的学者对乡村旅游的概念进行了诠释,其界定有很多种表述方式,不同的表述侧重点也有所不同。乡村旅游就是农户为旅游者提供住宿等条件,使其在农场、牧场等典型的乡村环境中从事各种休闲活动。乡村旅游是以乡野农村风光和活动为吸引物,以城市居民为目标市场,以满足消费者娱乐、求知和回归自然等方面的需求为目标的一种旅游形式。乡村旅游是以乡村地域及与农事相关的风土、风物、风俗、风景组合而成的乡村风情为吸引物,吸引旅游者前往休息、观光、体验及学习等的旅游活动,其核心内容是乡村风情。

国内乡村旅游的概念界定是通过尽可能归纳和概括乡村旅游的共同特征来实现的,依据乡村旅游活动体系,主要从三方面的特点来反映乡村旅游本质,即乡村旅游发生的地域特点、乡村旅游依托的资源特点和乡村旅游提供的活动特点。我国乡村人口众多、乡村地域广阔、乡村资源多样、乡村民俗丰富,要一一列举必然不全面,因而采用综合概括方法是科学的。现有乡村旅游概念基本属于广义范畴。与国外相比，不足之处在于没有强调乡村旅游与乡村社区之间的关系，需要进一步揭示。

从以上国内外乡村旅游概念的演化和比较来看，乡村旅游是有广义和狭义之分的。从狭义的角度上，并非所有发生在乡村地区的旅游形式均为乡村旅游，旅游必须紧密地与乡村资源环境、乡村社区环境和生产生活环境相融合，才能称为"乡村旅游"。随着时代的发展，乡村旅游概念的范畴在不断扩展，人们到乡村旅游已经不局限于与乡村性有关的活动，更多的是在乡村环境中的各种非城市的旅游体验，因此广义的乡村旅游概念更契合时代的发展和需求。

本书认为，把握乡村旅游的概念与内涵，应充分认识到以下属性：第一，空间属性——旅游活动是否位于乡村地区。第二，资源属性——旅游活动的开展（旅游产品开发）是否依托乡村物质和非物质资源。第三，产品属性——从旅游活动内容上看，如果是根植于本地资源、与乡村文化密切相关的乡村活动，我们称之为狭义的乡村旅游；如果是旅游者参与的任何旅游活动，则称之为广义的乡村旅游。基于上述对于乡村地域的认识，遵循乡村旅游概念的逻辑脉络，我们对乡村旅游做出如下定义：从广义上讲，乡村旅游是发生在乡村地区，依托乡村资源开发观光、休闲、度假等旅游体验活动的一种旅游方式。从狭义上讲，乡村旅游是发生在乡村地区，以自然资源、田园风光、乡村文化以及具有乡村性的农事生活和建筑景观为主要吸引物，以观光、休闲、度假、养生及各种乡村生活体验为目的的一种旅游方式。简言之，狭义的乡村旅游特指发生在乡村地区，以具有乡村性的自然和人文客体为吸引物的旅游方式。

二、乡村旅游的特点

乡村旅游作为一种新型旅游形式，从它最初发展至今，就表现出很多独特性，如资源特色、产品特点、市场特征等各方面。这些独有的特点使得乡村旅游成为全球发展最快、最受欢迎的旅游活动形式。

（一）乡村性与融合性

乡村旅游的主要消费者是都市居民。由于工作紧张、生活节奏快以及工业文明带来的环境问题日益严重，触发了都市居民回归自然、返璞归真的愿望。在乡村，无论是旅游吸引物还是旅游环境载体，都正好适应和满足了都市居民的这种愿望需求，因而传统的乡村生活和环境就成为最可贵、最具吸引力的旅游资源之一。乡村旅游者融入乡村环境和社区生活中，从而体验到乡村生产、生活、生态的乐趣，满足了其回归自然、返璞归真的愿望。在城市化进程中，城市建设极大地改变了自然环境、生态风貌以及传统人文资源，而乡村则保留了更多原始状态的自然环境和生态风貌，以及工业化城市化社会以前的传统人文资源。基于乡村旅游者的回归自然、返璞归真的愿望，他们需要的旅游产品应该是原始的、真正乡村的，而不是伪造的、展览馆式的。乡村旅游提供的必须是原汁原味的农村风貌、淳朴自然的田园生活，以及新鲜可口的蔬菜瓜果。

如果说"乡村性"是乡村旅游的吸引力本质，那么"融合"就应该是乡村旅游的发展本质。乡村旅游的发展本身要求旅游和乡村建设高度融合，既要考虑以城市居民为主的游客对乡村性的审美需求，同时也要考虑乡村居民对乡村建设的现代化期望，特别是交通的便利性和基础设施的现代化、舒适化。开展乡村旅游的乡村，往往是具有一定特色的传统村落，拥有物质形态和非物质形态文化遗产，具有较高的历史、文化、科学、艺术、社会、经济价值。从旅游需求角度来看，旅游的本质是求新求异，乡村性作为乡村旅游的核心吸引力，对于城市居民而言具有一种完全不同于城市性的异质性，乡村旅游就是城市居民对乡村性的向往和审美消费的过程。

（二）参与性与体验性

乡村旅游是现代旅游业向传统农业延伸的一种新型尝试，它将旅游项目由陈列式上升到参与式，并使旅游者在热汗淋漓的农耕农忙中体会到劳动带来的全新生活体验。游客到达目的地后，除了欣赏农村优美的田园自然风光外，还可以亲自参与到一系列的活动中。例如，采摘活动项目，可以让游客获得农事活动体验，品尝自己采摘的果实或亲手制作的食品。采摘作为近年迅速兴起的新型休闲业态，以参与性、趣味性、娱乐性强而受到消费者的青睐，已成为现代乡村旅游和休闲农业旅游的一大特色。现在全国到处兴起茶园、花园、果园、林园等，包括湖北武汉的草莓园、浙江省台州玉环漩门湾观光农业园、浙江省新昌七盘仙谷等。

采摘不仅类型丰富多样，还可以深度挖掘，进行细分，针对各类人群打造不同的采摘环境。通过这些活动，游客们能更好地融入乡村旅游的过程中，对农家的生活状态、乡土民情有更深入的了解，而不是作为旁观者纯粹欣赏风景而已。

游客对乡村旅游的喜爱很大程度上是因为它具有体验性特征。乡村旅游不是单一的观光游览项目，而是包含观光、娱乐、康疗、民俗、科考、访祖等在内的多功能复合型旅游活动。乡村旅游的参与者多数是城市人群，他们要么对乡村生活完全陌生，因而感到好奇和向往；要么曾经熟悉乡村生活，而现在已经远离大自然和农村，试图借此重新获得对乡村生活的体验和回忆。在这样的背景下，游客自然会格外看重乡村旅游的体验性，来获得全新的或曾经熟悉的生活体验。

(三) 休闲性与差异性

随着人们生活水平的提高和社会发展节奏的加快，特别是工业化和城市化的高度发展，人们越来越向往具有浓郁田园气息的乡村环境，希望到乡土风味浓厚的乡村进行身心放松，乡村休闲旅游成为人们回归自然、放松身心、感受自然野趣、体验乡村生活、进行休闲娱乐的主要休闲方式之一。乡村地域辽阔，自然景观多样，且绝大多数地方保持着原有的自然风貌，加上各地风格各异的风土人情、乡风民俗，使乡村旅游在活动对象上具有鲜明的特点。乡村和农业已由单一的农民自居和农业生产功能，转为集农业生产、观光休闲、农耕体验和教育娱乐等多元功能于一体。例如，拥有"中国竹乡"美称的浙江省湖州市安吉县，精心培育竹产业，延伸产业链，利用竹林景观、竹林生态、竹文化发展竹乡休闲旅游业，已成为浙江省乡村旅游的标兵。类似的还有北京市大兴区庞各庄镇（西瓜文化）、福建省宁德市三都镇（海上渔城）、杭州梅家坞（茶文化）等。

乡村旅游的差异性着重体现在地域和季节两方面。在地域方面，由于气候条件、自然资源、风俗传统等的不同，不同地方的乡村旅游的活动内容体现出很大的差异性。我国地域宽广，境内地貌特征复杂，气候差异大，以秦岭—淮河为线，被分为南北两部分。南方气候温暖湿润，北方寒冷干燥；南方适合水稻等水田作物的生长，北方适宜小麦等旱地作物的生长；南方地区山区较多，北方地区平原较广等。不同的地理环境和气候特征，孕育了不同的文化，南方和北方在文化上有着较大的差异，包括语言、饮食、生活习惯、生产方式、民间风俗、民居建筑等各个方面。除了南北差异以外，同一地域内不同地区之间的差异也比较大，许多地方都有"百里不同俗、十里不同音"的情况。在季节方面，由于农业活动在很大程度上依赖于季节，因此，随着季节的转变，各地乡村旅游的内容也体现出明显的季节性。乡村旅游资源以自然风貌、劳作形态、农家生活和传统风俗为主，农业生产各阶段受水、土、光、热等自然条件的影响和制约较大，因此乡村旅游尤其是那些观光农业在时间上具有可变性特点。乡村农业生产活动有春、夏、秋、冬四季之分。夏、秋季节，农业旅游火爆；冬、春季节，农业旅游冷清。乡村旅游具有很强的季节性，乡村旅游的农耕活动需要依据气候的不同而有所改变，因而游客在不同季节到访乡村旅游景点，也能够有不一样的体验。

(四) 怀旧性与低成本性

怀旧表现为一种对过往时间和生活的缺失感和忧虑感，与之相伴随的是重新体验过去的渴望。旅游的兴起是对现代性的本能逃避和反叛，怀旧成为旅游的永恒主题和走出现代性困境的一种有效手段。作为现代性的重要标志之一的城市化为人类创造了休闲舒适的都市生活环境和文化环境，而城市空间的大规模扩张也在某种程度上引致了对自然生态环境的污染和对历史文化遗存的破坏。紧张而忙碌的都市生活加剧了现代人的压力，人们越来越向往简单、朴素的乡村生活方式。在此背景下，乡村旅游得以迅速发展。因此，乡村旅游本质上就是一种典型的怀旧旅游，既可能是农村长大的城市居民对农村生活的一种补偿性怀旧，也可能是城市居民出于逃避城市生活压力的一种怀旧心理，还可能是对过去和历史的一种沉醉，使人们希望去探究更简单、更真实的乡村生活，去探究乡村的历史和过去。现代化都市代表着全球化的现代性，而乡村则代表着传统的地方性，在时间特征上属于过去。在乡村旅游活动中，怀旧既是游客的旅游动机，又是乡村性的一种特殊魅力。

需要说明的是，城市居民热衷于乡村旅游并不意味着城市人想回到前工业时代，只意味着人们对于时间和记忆的一种追寻。人们怀念过去却并不是要回到过去，它仅仅只是对现实不满的一种表达方式。

此外，乡村旅游投资回报期短，风险低。乡村旅游的资源很多时候都是依靠现有的农村资源，而经营者又大多是当地居民，获取本土资源相对简单，只须略加修正、管理，就可以较好地满足旅游者的需求。另外，由于乡村旅游进入的门槛低，容易形成市场竞争，导致经营者常常依靠成本领先取胜。较之于高端旅游，乡村旅游因为无须提供豪华住所、高价食品等，也大都没有"景点门票"的入门成本，所以具有低成本、低价格的特点。这一特点适应了大众化消费的需求，因此作为现代旅游形式的乡村旅游是大众化的。从国内外来看，乡村旅游消费已经普及普通城市居民，尤其是以城市中产阶层为主要客源。

第二节 乡村旅游的发展趋势预测

目前，我国乡村旅游不仅有了庞大的规模体量，而且更有广阔的发展前景。从零散的自发开发到政府引导规划发展，从一家一户的小规模开发到产业化发展，从口碑营销到利用网络等多渠道整合营销，形成了具有特色的乡村旅游开发模式，呈现出新的发展趋势。综观我国乡村旅游的发展现状，以及诸多学者的一些研究成果，我们认为我国乡村旅游主要有以下一些发展趋势：

一、参与主体多元化

我国农家乐在发展初期主要是农民利用自家农田果园、宅院等设施条件向城市居民提供的一种回归自然、放松身心、愉悦精神的休闲旅游项目，多由乡村中思想开放、经济基础较好的农民精英率先创办。随着乡村旅游的多元化发展，不仅政府有关部门给予了更多的重视和支持，将休闲农业和乡村旅游发展纳入农村社会经济发展和旅游业发展的体系中加以引导和扶持，而且农家乐的经营者也突破了单一由农民自发投资经营的局面，村民投资、政府支持资金、城市产业投资、城市居民投资、外商投资等多元投资风生水起，经营主体也出现了村民、城市居民和外来投资商等多元并存的格局。在未来，伴随着乡村旅游发展模式的多元化，乡村旅游参与主体也必将越来越多。当然，多元主体参与的乡村旅游发展少不了政府的引导。

二、更加注重开发创造特色资源

我国早期的乡村旅游都是依托当地既有自然资源发展起来的。比如，成都的农家乐主要是依托特色花卉果园农业资源形成了"休闲游"品牌。北京的农家乐以科技农业、古村落文化和民俗文化为特色，形成了"民俗游"品牌。这一开发模式至今仍然具有重要功效。不过，随着休闲农业和乡村旅游的发展，简单地依托特色资源发展的乡村旅游已难以适应时代发展的要求，所以，乡村旅游不仅要依托特色资源，而且要在原有基础上开发创造更多的特色资源。这在当前已经有不少案例。比如，广西恭城红岩村在发展农家乐过程中，除保持其原有独特秀丽的田园风光和月柿景观之外，还结合新农村建设，统一规划修建了80多幢具有桂北民居风格的乡村别墅，使红岩村的农家乐旅游特色更为鲜明。浙江海宁和田龙农庄在农家乐发展过程中，从东北引入梅花鹿养殖，突破了传统的农家乐经营模式，开创了国内集养殖、观光、休闲、现场采集、养生保健、科普教育于一体的大型农庄。显然，未来乡村旅游的发展也必然更加注重开发创造特色资源，使乡村旅游产业有更强劲的生命力。

三、生态旅游、文化旅游与乡村旅游的结合将更加紧密

当前阶段，欧洲国家普遍重视发展乡村旅游的绿色内涵，日本比较重视挖掘乡村旅游的社会传统文化，而我国发展乡村旅游更侧重于其带来的经济效益，这是由我国的国情决定的。不过，随着经济的发展和供需主体素质的提高，乡村旅游的生态内涵和文化内涵必将得到重视，这一趋势已经开始显现。

乡村旅游具有人与环境协调的优势，乡村旅游是建立在农业生产和自然、人文环境融合、协调基础之上的，失去了这种融合，乡村旅游就没有了依托；失去了这种协调，乡村旅游就成了无源之水。所以，乡村旅游需要将生态旅游和文化旅游结合起来。这也是与中国传统的"天人合一"的哲学思想和当前构建和谐社会的发展思路相符的。今后的乡村旅

游将更加注重合理地开发和规划，改变重设施建设、轻环境营造的现象，进行产品的深层次开发，注重参与性，挖掘乡村旅游产品的生态和文化内涵，努力使农耕文化与现代文化和谐相融，使旅游者在走向自然、回归自然的同时又能体验中国内涵深厚的文化底蕴。

四、产业集聚化越来越明显

现代产业具有集聚性的规律性要求。乡村旅游作为现代产业当然不可能沿袭一家一户分散发展模式，否则就不能产生集聚效应和规模效应，难以实现持续发展。乡村旅游也应当在"合力发展"的基础上，逐步呈现出产业集聚的发展趋势。

五、管理更为规范化

在乡村旅游发展初期，乡村经营者主要是自发经营农家乐等旅游业务，同时乡村旅游是新事物，一段时间内既没有经营标准，又缺乏管理规范，导致出现了各种问题。比如，广西桂林恭城县红岩村的农家乐，经营初期每个家庭各自经营，村内的卫生环境治理、公共水电费用、安全巡逻、游客安排等一系列问题不断出现。后来，在县旅游局等部门的帮助下，红岩村旅游协会成立，其制定了相应的规章制度和工作职责，于是该村的农家乐经营形成了"农户+农民旅游协会"的开发模式，进入了一个规范化经营管理阶段。类似的案例也越来越多。目前，各级政府部门和乡村旅游经营者逐渐形成了标准化经营、规范化管理的共识。国家和地方政府有关部门以休闲农业与乡村旅游示范县和示范点创建为主要抓手，提出了农家乐等乡村旅游经营的规范标准和管理条例。各地在积极创建休闲农业与乡村旅游示范点、星级农家乐的同时，按照国家景区管理的标准建设乡村旅游景区。

六、"互联网+乡村旅游"成为重要形态

随着互联网日益在农村地区普及，乡村旅游开始走上了"互联网+乡村旅游"的崭新形态。在以前，乡村旅游经营者主要通过散发名片或通过旅行社进行宣传以吸引游客，客源范围相对较为狭窄。进入21世纪后，随着网络技术的发展，网络营销具有宣传范围广、信息传播迅速、成本低的优点，使得乡村旅游经营者很快接受并引入网络营销手段，通过一些门户网站，尤其是农业网站和旅游专业网站进行宣传。当前，已经有很大一批休闲农业和乡村旅游专业网站被创建出来，成为各地乡村旅游宣传营销的主要平台，如农业部创建的中国休闲农业网（全国性休闲农业网站），北京美丽乡村、广西休闲农业频道（地方性官办休闲农业网站）等。毋庸置疑，互联网在乡村旅游中的应用，对乡村旅游的发展具有重大的意义。"互联网+乡村旅游"必将是未来乡村旅游发展的重要形态。

七、以供给侧改革打造乡村旅游精品

我国正面临着经济结构的转型，供给侧改革已经成为应对经济结构转型及平衡供需的基本路径。乡村旅游作为我国旅游业近些年来发展较快的领域，在供需关系方面面临着巨大的压力，需求与供给两端存在着一定的矛盾。为此，只有不断加大乡村旅游的供给侧改革力度，提升产品供给质量，转型产业结构，才能有效应对市场需求，进而促进其转型升级。从供给侧改革推进乡村旅游有着极为重大的意义，它能够更好地满足旅游者的个性化与多样化需求，能够促进乡村经济发展与农业文化传承，更能够促进全域旅游的结构转型。

具体来说，以供给侧改革打造乡村旅游精品，需要多措并举。

第一，推进农业供给侧结构性改革，加强乡村旅游的要素供给和公共服务设施供给。加强乡村旅游的要素供给，特别是乡村旅游用地政策和金融政策的改革，才能让乡村旅游落到实处。实际上为乡村旅游用地政策的落地明确了探索方向。此外，鼓励信用担保机构为新型农业经营主体提供担保服务；鼓励农民合作社开展内部信用合作、创新农业投融资机制。这些政策能加强乡村旅游金融要素供给。当然，乡村公共服务设施供给也是不能不重视的内容。在乡村旅游开发过程中，旅游公共服务设施严重滞后，特别是旅游厕所、旅游信息导览、旅游标志系统等匮乏。而加强公共服务设施供给，不仅有利于改善乡村旅游的环境，提升乡村旅游的品质，同时还可以改善乡村居民的人居环境，统筹推进美丽乡村建设和新农村建设。

第二，构建科学合理的乡村旅游开发规划体系。乡村旅游供给侧存在的规划不合理及盲目开发等问题，在一定程度上影响了乡村旅游的转型升级，也造成了资源的巨大浪费。因此，推进乡村旅游供给侧改革，必须做好开发规划工作。在乡村旅游规划过程中，要确立长远眼光与目标，使乡村旅游规划设计与本地乡镇规划、农村社区整体规划保持一致，进而突出乡村旅游的本地特色。同时，还应与农村生态环境保护相结合。如果没有地方特色的乡土生态环境，乡村旅游的吸引力必然不会太高。所以，促进乡村生态环境的持续发展，才能够实现开发效益最大化。

第三，推动乡村旅游的跨界融合，丰富"旅游+农业"的新业态。乡村旅游应当与农业、乡土文化、信息技术深入融合。在信息技术快速发展的时代，只有推进乡村旅游与农业、文化、信息技术相结合，才能够更好地满足消费者需求。所以，旅游企业不要局限于观光农业、休闲农业和体验农业，要加强乡村旅游中的技术创新，大胆尝试诸如养生农业、创意农业等新业态，要打好民族牌、文化牌、生态牌，挖掘乡村旅游的民族特色和本土特色。乡村旅游特色的打造要突出资源优势，培育乡村旅游精品，突出文化特色，营造乡土文化氛围。

第四，从旅游者的需求角度去思考，增加特色旅游商品的供给。旅游商品目前的问题不是产能过剩，而是落后产能过剩，即同质、劣质的旅游商品产能过剩，而高价值、有特色的产能不足。

旅游商品是乡村旅游汇聚财气的重要突破口，要重点增强旅游商品的文化创意、地方特色和可携带性。例如，浙江省的安吉县，将竹子进行充分利用，打造了各种特色商品。从一开始的竹席、竹垫，到竹子做的电脑键盘，再到竹纤维制作的毛巾和服饰、竹炭系列洗护用品，用竹子为原材料制作的旅游纪念品数不胜数，令人叹为观止。

第五，积极引进及培育乡村旅游专业人才。人才是乡村旅游供给侧改革的关键要素，要积极引进和培育大量能够满足乡村旅游所需的人才。所以，当前加大乡村旅游人才引进力度，解决当前人才不足问题，为乡村旅游发展注入活力，是打造乡村旅游精品必须重视的内容。各地政府最好结合本地乡村特色，定期举办旅游人才培训班，提升乡村旅游从业者的综合素质，借鉴国内外乡村旅游发展的先进经验，更好地推动乡村旅游供给侧改革。

第三节 乡村旅游与乡村振兴的双向推动

一、乡村振兴战略实施的关键点

乡村曾是人类引以为豪的生产生活和生态空间，谱写了人类社会进步的辉煌篇章。但是，随着工业革命的开展，城市化和城市聚落成为人类社会发展和空间组织的新主宰，并不断在创新中阔步前行。在此过程中，乡村逐渐被边缘化，并由此引发了城乡之间的诸多冲突，导致城乡割据不断加剧。面对这一现实，如何在新兴城市发展中进一步激活乡村，进一步传承和发扬人类优秀的文化基因，就成为人们必须解决的一个难题。为了破解这一难题，我国提出了乡村振兴战略。

乡村振兴战略实施的关键点，包括创新投融资机制，解决乡村建设"钱"的问题；深化农村土地制度改革，释放"地"的红利问题。

"三农"问题一直是关系我国国计民生的根本性问题。金融是现代经济的核心，是经济运行的血脉，也是支持农业现代化建设、推动农村经济发展的关键一环。因此，在实施乡村振兴战略时，必须高度重视农村金融的改革与发展，在确保其始终保持正确发展方向的同时，健全与农业农村特点相适合的农村金融体系，推动农村金融机构回归本源，把更多金融资源配置到农村经济社会发展的重点领域和薄弱环节，更好地满足乡村振兴多样化需求。此外，要注意强化农村金融服务方式创新，防止脱实向虚倾向，严格管控风险，提高金融服务乡村振兴的能力和水平。

农业发展的根本是土地，农村稳定的基础是土地，农民脱贫致富的命根子是土地，解决"三农"问题最核心的关键还是土地。因此，在实施乡村振兴战略的过程中，应积极探索宅基地所有权、资格权、使用权"三权分置"，吸引资金、技术、人才等要素流向农村，使农民闲置住房成为发展乡村旅游、养老、文化、教育等产业的有效载体。其中，预留部分规划建设用地指标用于单独选址的农业设施和休闲旅游设施等建设，这些土地政策为乡村旅游的发展夯实了基础。

二、乡村旅游与乡村振兴

（一）发展乡村旅游有助于实现乡村振兴

在乡村振兴中，乡村旅游作为重要担当和助力，将会大有作为。具体来说，乡村旅游对乡村振兴的作用主要表现在以下几方面：

1. 乡村旅游是乡村经济转型的新引擎

在发展乡村经济时，乡村旅游既是一个十分重要的载体，又发挥着重要的引领作用，被认为是乡村经济转型的新引擎。具体来说，乡村旅游对乡村经济转型的引领作用主要表现在以下几方面：

第一，乡村旅游的发展能够有力地促进农村三大产业之间的有机融合与有序发展，构建农村新的产业优势，促进农业全面升级，让农业成为"有奔头"的产业。

第二，乡村旅游是一种综合性的产业，在发展的过程中能够有效激活以乡村环境、传统村落、特色文化、传统生活方式等为代表的潜力要素资源，继而吸引大量的投资进入乡村旅游市场，使乡村旅游的投资不断得到升级。

第三，乡村旅游在发展的过程中，始终以市场消费需求为导向，并注重通过对要素资源的有效整合，不断开发新的业态和新的产品。如此一来，乡村旅游便能不断打造新消费空间，培育新消费群体，继而在促进乡村旅游消费不断升级的同时，促进乡村旅游的可持续发展。

2. 乡村旅游是乡村环境优化的新契机

在促进乡村振兴时，必须以生活环境、生产环境、生态环境为基础，而这也是乡村旅游发展的基底。乡村旅游发展注重对基础公共服务设施的建设，有助于营造和谐文明的生活环境；注重对农旅产业的融合发展，有利于构建健康舒适的生产环境；注重对乡村生态环境的综合整治，有助于保护绿水青山的生态环境。因此可以说，乡村旅游是乡村环境优化的新契机。

3. 乡村旅游是乡村文化繁荣的新舞台

在促进乡村文化复兴的过程中，乡村旅游是一个十分有效的手段。因此，乡村旅游被认为是乡村文化繁荣的新舞台，具体表现在以下几方面：

第一，乡村旅游的发展，能够为乡村传统文化提供优质的空间载体和创新的传承方式，继而促使传统文化被再次发现、保护、提升和利用，并通过与当代文化等的交流与碰撞，重新焕发出生机。因此，乡村旅游是传统文化得以传承与发扬的重要途径。

第二，乡村旅游在环境卫生、社会风貌、服务水平及文明程度等方面有着很高的要求，而这也能够在一定程度上改善乡村的环境卫生以及村容村貌，并不断提高村民的整体素质。如此一来，乡村的文明程度便能不断得到有效提高。

第三，乡村旅游在发展的过程中，能够吸引大批的动漫、文创、互联网、时尚等新兴产业的优秀企业和人才，这对于乡村文化的创新发展来说是十分有利的一个条件。

4. 乡村旅游能够促进乡村有效治理的实现

乡村旅游在发展的过程中，对环境、服务以及产品的要求都不断提升。而为了实现这些要求，必须不断加强对乡村旅游经营主体的规范管理和对游客与村民的文明引导，持续优化乡村旅游市场秩序。如此一来，乡村也能得到有效治理。

5. 乡村旅游能够不断提高农民的生活质量

乡村旅游能够不断提高农民的生活质量，这具体是通过以下几方面表现出来的：

第一，乡村旅游的发展能够为乡村提供更多的就业岗位，继而有效拓展农村的就业渠道。如此一来，农民的就业就有了保证，收入水平也会不断提高。

第二，乡村旅游的发展能够促使农特产品的销路不断扩宽，这也是增加农民收入的一个重要途径。

第三，乡村旅游在发展的过程中，会适当引入城市休闲娱乐元素（如酒吧、剧院、创意博物馆、音乐节等），打造体验化、创意化、生活化的乡村旅游活动，升级乡村休闲娱乐方式，这对于提升农民的生活质量也有重要的作用。

（二）乡村振兴战略是乡村旅游发展的重要机遇

乡村振兴战略为乡村旅游的发展提供了重要的机遇，能够促使乡村旅游在健康快速发

展的同时,在未来有更大的作为和更大的担当。具体来说,乡村振兴战略为乡村旅游发展提供的机遇主要表现在以下两方面:

1. 乡村振兴战略为乡村旅游发展提供了政策机遇

乡村振兴战略为乡村旅游发展提供了重要的政策机遇,具体包括以下几方面的内容:

第一,乡村振兴战略鼓励发展多元主体,积极扶持小农户,培育发展家庭农场、合作社、龙头企业、社会化服务组织和农业产业化联合体。同时,乡村振兴战略注重进行产业业态创新,鼓励发展休闲农业、康养农业、创意农业等多元新业态,深入推进农业绿色化、优质化、特色化、品牌化。这可以说为乡村旅游的发展指明了新途径。

第二,乡村振兴战略强调以顶层规划引领乡村系统发展,加强乡村规划建设,有效实现多规合一。其中,在进行顶层规划时,要注意突出重点、分类施策,为规划建设做好指引功能;在进行乡村规划时,要注意编制县域乡村建设规划;在实施多规合一时,要注意与县乡土地利用总体规划、土地整治规划等充分衔接并合一。如此一来,进行乡村旅游规划便具有了重要依据。

第三,乡村振兴战略强调改善农村人居环境,加强基础设施建设,推进厕所改造。这为乡村旅游的发展提供了重要的环境基础,也是乡村旅游吸引旅游者的一个重要前提。

第四,乡村振兴战略要求通过盘活、预留、复合利用和探索试点等方式,进一步对农村的用地政策进行松绑。如此一来,乡村旅游的发展便能获得土地支持,多种乡村旅游项目便能够落地实施。

第五,乡村振兴战略鼓励通过设立引导基金等方式撬动金融和社会资本投向旅游领域,以财政补贴、贷款贴息、资金补助等方式鼓励发展PPP旅游示范项目和旅游扶贫示范项目。这可以说为乡村旅游的发展提供了重要的资金政策机遇。

第六,乡村振兴战略强调加强对乡村人才的培养,这能够为乡村旅游的发展提供人才支持,并进一步提高乡村旅游的服务水平。具体来说,乡村旅游通过乡村振兴战略可以获得的人才主要有乡村旅游经营管理人才、乡村旅游专业技能人才、乡村旅游创业创新人才、乡村旅游服务人才等。

2. 乡村振兴战略指明了乡村旅游发展的重点

乡村振兴战略指明了乡村旅游发展的重点,具体内容如下:

第一,乡村旅游在发展的过程中,要重视特色乡村精品项目的建设。乡村振兴战略指明应重点打造特色乡村精品项目(如度假乡村、休闲农业产业园、文化创意产品、乡村民宿等),打造现代农业、创意农业、特色文化产业、休闲农业、科技农业等旅游产品。

第二，乡村旅游在发展的过程中，要重视生态环境保护。乡村旅游发展应在严守生态红线的前提下，以绿色发展为理念，加快推进村庄绿化，重点打造生态农庄等生态旅游产品，转化生态资源优势，放大生态资源价值，保护好美丽乡村的底色，为打造乡村旅游精品工程创造条件。

第三，乡村旅游在发展的过程中，要重视产业融合。乡村旅游在发展的过程中，要注意推动自身与农业、工业、信息业、文化体育、科技教育、健康养生、电子商务和文化创意等产业的全面融合发展，切实推动三大产业的融合发展。

第四，乡村旅游在发展的过程中，要重视对文化遗产的保护，做好传统文化申遗工作，编制传统工艺振兴计划和非物质文化遗产保护规划等。与此同时，乡村旅游的发展也要注重对文化遗产进行适度利用，并注意在利用的过程中对文化内涵进行深入的挖掘。

第五，乡村旅游在发展的过程中，要注意放宽旅游市场准入标准，鼓励社会资本和各种所有制企业公平参与，并严格按照标准把控旅游市场准入关口。

第六，乡村旅游在发展的过程中，要重视完善行业监管机制，主要包括乡村旅游经营主体的自管自治和乡村旅游协会、产业联盟等组织对乡村旅游市场的严格监管。

第七，乡村旅游在发展的过程中，要重视通过旅游带动乡村精准扶贫，强调科学编制乡村旅游扶贫专项规划，通过多种方式助力乡村脱贫，并提供人才、资金等保障措施。

第四章 乡村振兴战略背景下的乡村旅游发展

第一节 乡村旅游资源的合理开发

一、乡村旅游资源的基本认知

(一) 乡村旅游资源的概念

在中国的旅游业中,乡村是构成整个旅游业发展的宏大地理背景,也是旅游业发展的一个重要组成部分,脱离了旅游资源范畴研究乡村旅游资源是不完整的,撇开乡村地域概念谈乡村旅游资源也是不客观的。因此,对于乡村旅游资源相关问题的探讨,在立足乡村本身的同时还应结合旅游资源的内涵。

旅游资源作为现代旅游业得以发展的重要条件,是旅游业的基础要素,是旅游活动的客体。一般来说,旅游资源可以是具有具体形态的物质单体或复合体,如历史文化古迹、地形地貌、野生动植物等,也可以是没有物质形态的社会因素,如风俗民情、文化传统、人文景物、非物质文化遗产等。

1. 从地域范围看

乡村旅游资源是位于乡村特定地域范围内的旅游资源。

2. 从内容上看

乡村旅游资源既包括乡村自然生态环境等自然旅游资源,也包括乡村传统农业劳作、农耕文化等人文旅游资源,还包括乡村田园景观、牧区景观等综合性旅游资源。

3. 从产品的角度来看

人们把乡村旅游资源作为旅游开发的"原材料"。乡村旅游的"原材料"实际上就是存在于乡村之中的、能够被开发者利用的各种丰富的、天然的、人文的乡村旅游资源，诸如农事活动、农村聚落、农民生活、农业生态、农业收获物、乡村自然地域风貌、地方土特产品、乡村艺术工艺品，以及多民族的风俗人情和历史古迹等要素。

4. 从本质上看

乡村旅游资源必须具有足以使旅游者离开常住地发生空间移动并产生旅游行为的吸引力，这是乡村旅游资源的核心。

5. 从乡村景观的角度认识乡村旅游资源

一般来说，乡村景观是乡村地区范围内，经济、人文、社会、自然等多种现象的综合表现。乡村景观是相对城市景观而言的，两者的区别在于地域划分和景观主体的不同。乡村景观所涉及的对象是在乡村地域范围内与人类聚居活动有关的景观空间，包含了乡村的生活、生产和生态三个层面。另外，乡村景观是乡村资源体系中具有宜人价值的特殊类型，是一种可以开发利用的综合资源，是乡村经济、社会发展与景观环境保护的宝贵资产。

6. 从属性上看

乡村旅游资源必须具有乡村特有的、有别于城市的那些因素，即乡村性。需要指出的是，并不是所有在乡村地区的旅游资源都具有"乡村特性"，如建在乡村地区的主题公园、在乡村地区新建的吸引旅游者参观的现代化高楼和生产线等。

7. 从功能角度来看

人们认为乡村旅游资源是具备使游客感受乡村气息、回归自然和体验乡村生活功能的资源，只有这样的乡村资源才能称为真正意义上的旅游资源。

综上所述，乡村旅游资源就是指对旅游者具有吸引功能，能被旅游业所利用并产生经济、社会、生态等综合效益，以农业资源为依托而萌发的特有的自然景观及人文景观综合体。

(二) 乡村旅游资源的构成

乡村旅游资源，从其构成来看，是以自然环境为基础、人文景观为主导的乡村人类文化与自然环境相结合的乡村景观，是由乡村自然环境、乡村物质要素、乡村文化要素或非物质要素三部分共同组成的、多元和谐的乡村地域综合体。

1. 乡村自然环境

乡村自然环境是由地貌、气候、水文、土壤、生物等要素组合而成的乡村自然综合体，是形成乡村景观的基底和背景。人们在自然环境的基础上，创造了与当地自然环境相协调并具有地方特色的乡村景观。

2. 乡村物质要素

物质要素是乡村旅游资源中旅游者能亲自观察到的具体事象，如农作物、牲畜、林木、聚落、交通工具、人物、服饰等有形的物质。这些物质要素的不同组合，形成不同乡村景观的外部特征。例如，竹楼，稻田，水牛，穿着对襟短袖衫、宽肥长裤的男子，身穿浅色窄袖大襟短衫和筒裙的女子，这一切构成傣族乡村特有的景观。又如，陕北白于山区的人们对服饰穿着是讲究的，分为审美和实用。出门在外，身穿比较干净、整洁的衣服，用来表现人类爱美的天性；在家穿粗糙、耐磨、耐脏的衣服，用来体现实用之美。20 世纪 60 年代以前，白于山区的人们基本服饰是头扎白羊肚手巾，身着光板的老羊皮袄和大裆裤，内穿白褂子、红裹肚，脚蹬千层布底鞋。有的头戴毡帽，腿裹裹脚，脚穿毡靴。他们所穿的服饰反映了在白于山区较为寒冷的条件下，人们从事农耕、游牧等不同生活的需要，以及历史上各种农耕民族服饰文化的相互影响和继承。时至今日，白于山区乡民的主要住所仍然是窑洞。其居室大多都是因地制宜而营造，在陕北乡村表现得尤为突出。白于山区的土崖畔上，是开挖洞窖的天然地形。土窑洞省工省力、冬暖夏凉，十分适宜居住。白于山区的窑洞有靠山土窑、砖料接口土窑、平地砖砌等多种。一般城镇里以石、砖窑居多，而农村则多是土窑或砖料接口土窑。白于山区窑洞以靠山窑最为典型，它们是在天然土壁内开凿横洞，往往数洞相连或上下数层，有的在洞内加砌砖券或石券，以防止泥土崩塌，或在洞外砌砖墙，以保护崖面。规模大的在崖外建房屋，组成院落，成为靠崖窑院。

3. 乡村文化要素

乡村旅游资源有一些是不能被人们直接观察，只能通过感官感知的无形的非物质文化要素，如思维方式、民族性格、风俗习惯、信仰等。另外，一个乡村地区人们的文化沉淀、历史底蕴、精神面貌、生活习惯等又形成一种特有的气氛，即文化氛围，也是乡村旅游资源非物质成分的重要内容。这些要素构成乡村旅游资源的核心，是乡村旅游资源的灵魂和精髓所在。非物质的成分虽然是无形的，但游客可以亲身体会到其魅力。人们只有在欣赏乡村旅游资源外貌特征、品味其深层次的文化内涵的同时，才能真正欣赏到有滋有味、情景交融的乡村景观。

(三) 乡村旅游资源的特征

乡村旅游资源的特征在于其乡土性、区域性、生态性、脆弱性、广泛性、多样性、变化性、季节性。

1. 乡土性与区域性

乡土性是乡村旅游资源的本质特性，是乡村旅游的核心内容和独特卖点。乡土性的本质在于乡村文化旅游资源及其所营造的一种氛围，乡村具有不同类型，由于其不同的地域、历史、文化、经济和社会发展而呈现出不同的资源特征。例如，我国乡村以自然环境和区域性为划分依据，可以分为江南水乡、草原乡村、高寒山村、黄土高原乡村等。从历史的角度来看，这些乡村都具有或保持了一定时代特色（民居、饮食文化、服饰、耕作方式、节日、风俗习惯等）。因此在开发乡村旅游资源的时候，应该保证本地特色。乡村文化旅游资源是人类长期以来与自然环境相互作用、相互影响形成的，其形成过程是人与地理环境不断磨合的过程。因此，人们对自然环境长期的改造与适应形成的乡村景观是人与自然共同创造的和谐的文化景观。

乡村旅游资源的地域性和乡村地理环境的差异性是分不开的。由于地球上自然环境和社会环境的地域差异，乡村旅游资源具有明显的地域性特点。乡村旅游资源以不同形式广泛分布于各区域，乡村自然旅游资源受环境地域分布规律的制约，表现出不同的自然环境和社会环境的区域性特征，由于区域的地质、地貌、气候、水文、动植物等自然因素和政治、民族、文化、人口、经济、历史等社会因素不同，乡村风貌也不同，形成不同的景观类型。自然环境和社会环境的地域差异性导致乡村旅游资源也具有明显的地域性特征。

2. 生态性和脆弱性

乡村旅游资源的生态性，是指作为乡村景观的基础，自然植被、山体、土壤、河流、农田等资源形态，构成乡村生态和旅游生态的核心，具有生生不息和可持续发展的特性。人们对自然环境长期适应和改造形成的乡村景观，是人与自然共同创造的生态文化，并以生态性区别于城市景观。乡村景观的生态性是乡村旅游吸引力系统的核心和生命。由于人类活动范围越来越广泛，一些不可持续的发展行为都将破坏这种资源生态性，乡村生态系统受到越来越严重的威胁，已经变得非常脆弱，一旦遭受破坏就难以恢复，这就是乡村旅游资源的脆弱性。

3. 广泛性与多样性

世界上除高山、沙漠和寒冷地带外，广泛分布着从事农、林、牧、渔业的农民。以自然为基础，农民通过世代不断的努力，创造了特色各异的乡村景观，广泛分布于世界各地。农村地域广泛，乡村类型多样，乡村旅游资源内涵丰富多样，既有农村、牧村、渔村、林区等不同农业景观，还有丰富多彩的民风、民情；既有物质的，也有非物质的，乡村旅游资源具有品种多样性和类型复杂性的特点。所以，可以开展观光体验、康体娱乐、休闲度假、科学考察、美食品尝、追根访祖等多功能的旅游活动。

4. 变化性与季节性

乡村旅游资源受自然环境和社会环境影响，自然环境和社会环境的变化必然导致显性旅游资源的变化。而且，乡村文化旅游资源是一定历史时代的产物，具有时代特征。随着社会进步、科技发展和文化交流，尤其是城乡文化的交流，乡村旅游资源的内涵也不断发生变化。

乡村旅游资源的季节性，缘于农作物生长的季节性和农业生产活动的周期性。乡村的生产、生活随季节变化而有规律地变化，农业景观也随四季的变化而呈现明显周期性的特点，以农业景观为观赏内容、农业活动为体验内容的乡村旅游，季节性最为明显，如采摘游、果园乐等。

（四）乡村旅游资源的分类

乡村旅游资源分类主要有三种，第一种是比较直接的二分或三分法（自然、人文等）。

乡村生活有直接关系的乡村旅游资源，又细分为农业生产类型、风情生活类型两类。前者包括种植业型、林业型、牧业型、渔业型、副业型和生态农业型乡村旅游资源；后者包括民族风情型、乡村生活型乡村旅游资源。外围乡村旅游资源是与农业生产和乡村生活有间接关系的乡村旅游资源，包括除核心乡村旅游资源以外旅游价值较高的高山、峡谷、江河、海湖等自然旅游资源和历史遗迹、遗址、文物古迹等人文旅游资源。

目前分类有的过于简单，有的主类之间相互包含亚类，界限不清。开发乡村旅游资源是建设社会主义新农村的一个重要途径，是时代发展的要求。

二、乡村旅游资源的开发与保护

（一）乡村旅游资源的开发

乡村旅游资源开发是在一定范围的区域内，为了充分利用各种类型的乡村旅游资源，突破乡（镇）行政区域或行业的限制，根据功能优势互补、寻求最大效益的原则组合旅游资源、优化旅游产品结构和竞争优势，开拓旅游市场的过程。乡村旅游资源的开发应该与一般旅游资源的开发不同，它需要更多地展示自己最核心的东西——乡土味。除了目前常见的特色民俗风情旅游，围绕古建筑、古村落进行的乡村旅游项目，农业生产也是乡村旅游开发的重点之一。乡村旅游资源开发是一项复杂的系统工程，涉及区域背景、旅游资源状况和前景、环境保护、人力资源开发、旅游管理政策措施等因素。

1. 乡村旅游资源开发的内容

要通过旅游开发,把乡村旅游资源变为一个相对成熟的乡村旅游目的地,离不开硬件设施的支撑,以及吸引力和软服务的注入。通常来说,需要开发的内容包括基础服务设施、乡村旅游产品、乡村旅游要素体系、乡村旅游节庆活动等。

(1) 基础服务设施

通常包括乡村公路、农村供水设施、农村电力设施、农村污水垃圾处理设施等农村基础设施,也包括旅游停车场、旅游厕所、标志牌等乡村旅游服务设施,是乡村旅游资源开发的首要前提。一般情况下,该项内容由地方政府负责开发。

(2) 乡村旅游产品

原始状态的乡村旅游资源,需要经过创意的设计、包装、打造,才能成为具备市场吸引力的乡村旅游产品。依据基本经营形态和生产生活空间,利用相应的乡村旅游资源,我们可以开发民宿、农庄、度假村和市民农园四类产品。在乡村旅游资源组合性较强的地区,我们还可以开发乡村旅游村域、乡村旅游景区、乡村旅游集聚区、乡村旅游度假区四类产品。

(3) 乡村旅游要素体系

面对成批旅游者的到来,仅有基础设施和核心产品是远远不够的,需要在原有乡村外形的基础上,做一定的改造和建设,将旅游的"吃、住、行、游、购、娱"等要素融入乡村旅游中。

(4) 乡村旅游节庆活动

结合民族节庆和乡村资源,周期性地开发采摘节、服饰节、音乐节、美食节、过大年等节庆活动,可在乡村地区形成一种特殊的旅游吸引物。通过节庆活动的举办,可以吸引区域内外大量游人,具备强大的经济和社会效益。

2. 乡村旅游资源开发的原则

乡村旅游资源开发过程中要注意的首要问题是协调好开发与保护之间的关系,开发活动必须贯彻如下原则:

(1) 保护优先原则

乡村旅游资源开发必须以保护为前提。乡村旅游开发地往往是生态环境保护较好、自然景观优美、人文景观朴实、受工业化辐射较少的区域,若没有保护优先原则,在经济利益的促动下,可能会造成乡村景观的破坏及景观特色的消失。

（2）科学管理原则

科学管理是减小乡村旅游开发活动对旅游资源及旅游环境影响的有效手段。在乡村旅游活动的管理中，可采用制订环境保护及传统文化保护与建设规划、开展旅游环境保护科学研究、建立环境管理信息系统、强化法制观念、健全环保制度、加强游客和当地居民的生态意识等对策来加大管理力度。

（3）生态经营原则

乡村旅游系统是一个地域生态系统，有其特定的物质能量循环方式和规模，任何外来的物质和能量都可能对这一循环系统产生影响。因此，在生态经营原则下，要求乡村旅游资源开发与经营给乡村生态系统带来的额外的物质和能量尽可能少。

（4）保持特色原则

乡村旅游之所以能吸引外地居民和城市游客甚至国外旅游者，主要的一个原因就是乡土特色。乡村旅游资源开发要在保持乡村特有的"土"味和"野"味的前提下进行可持续性的开发，使得乡村旅游具有天然情趣和闲情野趣。

3. 乡村旅游资源开发的基本要求

（1）强化历史文脉的传承

乡村旅游资源开发应该因地制宜，结合当地的历史人文环境及村民的生活模式，使整个乡村规划有机地融入所在区域的大环境中。在村落改造中注意保护原来风貌，保留原有的寨墙、街巷、树木及传统的建筑形式，增加碑、坊、亭、廊和住宅里弄，并依据历史原貌修建具有标志性的传统古典建筑或重要遗址遗迹。

（2）重视乡村生态环境的保护

乡村生态环境是影响乡村旅游资源开发的关键因素，也是不同乡村实现差异化开发的必要条件。所以，在开发设计时应充分考虑地形、地貌和地物的特点，尽可能在不破坏村庄原有的河流、山坡、树木、绿地等地理条件的同时，加以巧妙利用。例如，安徽省南部山地的很多著名旅游村镇都依山傍水、景色宜人，具有特殊山水格局，基本上都是与原生态环境的融合之后形成的各具特色的风貌景观。

（3）确保旅游安全

居住和游憩环境是否安全，是旅游者和村民共同关心的问题。创建一个舒适安全的乡村环境不仅需要有科学的、健全的乡村旅游安全规章制度，而且在很大程度上取决于乡村开发对安全性的考虑。在旅游者聚集的人员密集区和居民住宅区的开发中应充分考虑对突发安全事件的应急处理和有效防范，如通过控制规划区和出入口、明确划分紧急通道和退避空间等措施来提高规划区的安全应急能力。

（4）加强环境卫生的治理

在乡村旅游资源开发中，环境卫生条件的保持对维护乡村旅游吸引力来说意义重大，因为它不仅是解决村民日常生活需要的基本保证，而且还是乡村旅游质量稳定的物质基础。在环境卫生服务设施的设置上，既要考虑因旅游者进入而增加的废弃物处理，也要考虑村民的生活要求和行动轨迹，对乡村级商业餐饮等服务设施进行外向到集中设置。车辆存放与垃圾处理是乡村服务环境的关键问题之一，要在乡村规划中明确大中型旅游车辆村外停放的原则，遵循集中与分散的布置方式对小型旅游车辆或村民自备车进行因地制宜的多途径应对，如利用次干道的路边空间或院落中的半地下室以及高架平台下部等。

（5）完善基础设施建设

基础设施完备与否是决定乡村旅游能否进行旅游专有设施建设的前提。水、电、通信等主要线路是开发旅游产品、设计旅游项目并促进特色乡村旅游经济发展的基本保证。要做好各方面的基础建设，包括水、排污、电、电信及电视线路，选用各类设施设备时要充分考虑容量、服务半径和供给能力，并随时注意扩容、确保使用。

4. 乡村旅游资源开发的基本流程

（1）组建开发小组，进行前期统筹规划

开发小组负责对整体开发工作进行筹划、规划、监督和执行。

乡村旅游资源的开发是在特定的乡村环境中进行的，开发过程及开发后的经营都将对乡村社会、经济和环境产生重大的影响。同时，对乡村旅游资源的开发也是为了乡村城镇化的发展而进行的，要考虑乡村居民的切身利益。因此，对乡村旅游资源的开发要做总体规划，实行具体的开发程序，并在"资源+市场"开发导向下拟议旅游项目。对开发项目的影响因子进行识别，为定性定量的预测和解释影响的程度提供基础数据，以提出增进有益影响的建议，制定消除或缓解有害或负面影响的对策。

（2）筹措开发资金

依据"谁投资，谁受益"的原则，预估资金投入和回报，自筹或融资，合理投入于资源开发的各环节之中。

（3）全面调查研究

在确定规划前要对各方面内容做好详细的调查研究。主要是需要相关部门，如林业、农业、园林、城建、环保、交通、通信、旅游等部门提供所需资料，配备必要的设备及后勤组织工作等，以保证旅游规划设计工作顺利进行。收集资料后要尽可能利用资料信息，从中发掘出有价值的东西。同时，还必须进行实地考察。

(4) 具体推进实施

①旅游产品构建

靠策划，靠创意，把原生态的、同质类的资源按不同的手法打造，依不同的风格装修，抓住本地、本村、本户特色，放大特色，凸显优势，制造差异，打造不同类型的产品。

②基础设施建设

旅游是一种复杂的社会经济活动，面对大量旅游者的到访，应该要保证他们观景、美食、住宿、出行、购物、娱乐等需求得到满足。任何形式的乡村旅游形态，古镇、村庄农庄、林牧场等，原生态不等同于原状态，必须做一定的改造和建设。另外，停车场、指路牌、指示牌、安全警示牌、污水垃圾处理、上下水、化粪池等都要建设完善。

③持续拓展市场

建设农业旅游示范点是持续拓展市场的方式之一。一方面可以扩展旅游业态，满足人们的需求；另一方面还可以调整农业产业结构，增加农业附加值，提高农民收入水平。就目前而言，大多数的乡村旅游开发者就是乡村旅游的经营者，但很多乡村旅游点只重建设不重管理，只重噱头不重品质，常常造成了盈利能力低下和发展后继无力。在经营过程中，如何加强宣传、拓展渠道，通过营销激发游客出行欲望，也是一项容易被忽略的难题。因此，组建专业的营销团队，实施合理的营销策略，也是乡村旅游资源开发流程中的重要环节。

④人才培训建设

人力资源是第一生产力。新农村建设需要人才，开展农业旅游更需要相应的人才。客观来讲，农民群众普遍知识面不广，文化程度较低，要解决这个问题，重要的途径就是学习培训。各级旅游主管部门要配合区域内乡村旅游项目开发工作制订出具体的人才培训计划，并争取与农业、教育、劳动、民政等部门的人才培养计划对口合作，实现共同推进和实施；要依托现有的旅游人才培训中心和其他培训中心，争取必要的财力支持。

⑤科学全面管理

管理的主体是政府，也可群众自治，合定乡规民约，旅游部门要研定一些标准，如从业资格、环境条件、服务标准等，以便有参照、目标和依据。还可推行旅游行业管理经验，出台一些等级划分、品牌服务、诚信建设的规范等，使乡村旅游在市场牢牢站住，得到长远回报。

(二) 乡村旅游资源的保护

从哲学层面看，旅游开发既是一种保护又是一种破坏。旅游资源开发将改善、美化资源环境；旅游收益也为资源保护创造了经济条件。但是，伴随旅游开发而带来的环境污染、游人的不文明活动及行为、外来文化的冲击等都会对旅游资源造成破坏。乡村旅游资源保护是伴随着乡村旅游资源开发而提出来的一项重要议题。它不仅包括对乡村吸引物本身进行保护，使之不至于因为开发和使用不当而遭受破坏，而且涉及对其所在自然生态和人文环境的保护。

1. 开发与保护的辩证关系

丰富的乡村旅游资源成为发展乡村旅游的前提和保障，这些资源的存在和延续不单是为了增添游客的乡村旅游体验，更是当地人们生存环境和生活条件的优化表现。乡村地区的人居环境和社会环境是促进农村地区安全稳定的风向标。通过保护，以期能更好地维持自然生态环境，保持"乡村性"，维系"乡土"情。然而，资源的价值体现在更好地为人类的需要服务，对资源的开发恰恰有提高其价值的可能性。

开发是在保护的基础上，通过周密的规划和妥善的管理，将问题的可能性降到最低。换句话说，保护与开发并不是对峙的，我们不能将它们对立起来。片面强调发展进行开发而不计较可能出现的不良后果是错误的，然而一味地固守保护，过分坚守自然主义的观点也是不可取的。

2. 乡村旅游资源被损害和破坏的原因

为了有效地保护乡村旅游资源，人们首先有必要认清致使乡村旅游资源遭受损害和破坏的原因。大体上来讲，主要由自然因素和人为因素两大类作用所致。

（1）自然因素的作用

由于自然因素的作用而致使某些乡村旅游资源遭受损害和破坏的情况很多，其中较为常见的情况包括以下两种：

①突发性自然灾害

一些重大的突发性自然灾害的发生，如旱灾、洪涝、台风、风暴潮、冻害、雹灾、海啸、地震、火山、滑坡、泥石流、森林火灾等，往往会使受灾地区的旅游资源遭到重大破坏。有的甚至对某个乡村地区是毁灭性的破坏，如2008年汶川地震。一些重大突发性自然灾害发生在乡村地区的概率超过城镇地区，泥石流一旦发生，可能冲毁乡村，破坏房屋、农作物、林木、耕地，对乡村旅游资源是毁灭性的冲击。同时，由于自然条件和基础设施等的限制，在发生自然灾害时，乡村地区往往遭受更严重的破坏，如洪水来临时可能淹没沿途的很多乡村，但在城市地区却可以有效避免。甚至于在灾害发生时，由于受交通的影响，救援不及时、乡村地区物资设备缺乏，还会给乡村居民带来更严重的生命安全问题。

②动物性原因

某些动物性原因，如鸟类和白蚁的破坏作用，往往会对乡村历史建筑和水利设施类旅游资源的安全构成威胁，如"国家级历史文化名村""首批中国传统村落"的傅村镇山头下村的多座古建筑遭到白蚁的大面积侵蚀，部分古建筑甚至存在倒塌的危险。而病虫害对农、林、牧业的影响也导致以此为基础的乡村旅游资源遭受破坏。农田景观和草场景观是大部分地区乡村旅游的核心资源，而它们所依赖的农作物和草场却极易受到病虫害的影响。

（2）人为因素的作用

除了自然因素的作用，更值得关注的则是人为因素对乡村旅游资源造成的破坏，较为明显的原因主要包括以下几种：

①开发建设因素

乡村旅游多为经营者自主开发，有些开发者在开发建设的过程中，由于不注意环境保护或是出于一己私利等原因而导致当地环境景观遭到破坏的现象也较常见，如随意炸山开路、砍伐森林、大兴土木等。此外，乡村旅游资源过度开发客观上也是导致当地乡村旅游资源质量下降的重要原因之一。例如，不少乡村旅游地大兴土木、大建楼堂馆所和大型娱乐设施、乡村旅游地被改造成主题公园从而使村落景观失真，使得乡村旅游赖以存在和发展的乡村旅游资源特色消失，造成农村地区乡村特性的淡化和乡村景观的庸俗化。

②旅游活动因素

在我国乡村旅游业的发展过程中，旅游开发引起旅游者数量增加，大量旅游者的踩踏使土壤板结，树木枯死；游人在山地爬山登踏时，部分游客挖掘土石，从而造成水土流失，树木根系裸露，出现成片山草倒伏的情况等现象，对自然生态环境产生了巨大破坏。此外，游客的进入和旅游活动的开展对乡村自然生态环境也可能造成污染。旅游活动中交通工具排出的废油、废气，对乡村地区的空气环境构成影响。可以说，旅游活动在一定程度上加剧了自然生态环境的恶化和污染。

除了对自然生态环境的负面影响，随着大量游客的涌入还加速了自然风化的速度，导致古迹的破坏。

③经济落后

一般来讲，乡村地区的经济较为落后，由于经济方面的原因对乡村地区的旅游资源造成破坏和损害的例子也越来越多。例如，山西某县被誉为"活化石"的半坡古村，全村有六七十处明清时期的院落古宅，但为开采地下煤资源而进行强制搬迁，强制拆除古宅。另外还有一些古民居的主人由于拆迁能获得高额补偿，纷纷将旧建筑拆掉，建成二、三层的新楼，导致很多优秀古民居消失，如厦门海沧东屿村的李妈吕宅等。从很大程度上来讲，经济因素会从内部瓦解人们对乡村旅游资源的保护意识。

3. 乡村旅游资源的保护措施

对乡村旅游资源的保护有主动式保护和被动式保护两种，它们之间的关系也就是通常所讲的防治和治理之间的关系。明显地，我们在对乡村旅游资源进行保护时应当以"防"为主，以"治"为辅，"防""治"结合，运用行政、经济、技术、法律等方面的手段，进行管理和保护，实现乡村旅游的可持续发展。

（1）实施规划统筹，适度留白

对于开发建设因素可能带来的危害，在开发者进行开发前就应当采取必要措施进行预防。例如，湘西老司城遗址在开发之初便设立了相关的保护条例，要求开发利用遵循对文物原样保护。像这种开发前实施规划统筹，对旅游资源利用设立"开发红线"，实行适度留白的策略，是乡村旅游资源开发的前提，同时很好地保护了资源周边的生态环境和文化环境。

（2）落实经济扶持，切实保护到位

经济与政策的倾斜支持是保障乡村旅游更好发展的重要因素。资金充足使乡村旅游资源能得到最有效的开发、乡村的基础设施得到更好的建设、交通也可以得到很好的改善，而这些改变也能更好地激励当地居民参与到保护中来，实现乡村旅游资源的可持续利用。

（3）促进当代价值活化，收益反哺

我国地域文化异彩纷呈，戏剧、传统手工艺、绘画、音乐、器具、生活方式等都是地方文化的活化石，一些博物馆记录了远古的生产状况和农耕文明，展示了乡土文化的独特魅力。通过举办节庆活动，可谓活化这些地方传统文化的当代价值。

（4）加强技术创新，节能减排

在劳动人们的智慧和辛勤劳作之下，乡村地区很好地演绎了人与自然的和谐。被称为神秘"东方古堡"的理县桃坪羌寨，从建立至今已有2000多年的历史，人们在感叹其就地取材的绝妙和建筑艺术的精湛时，更惊奇其完善的地下水网。像这种天然的低碳社区，可以在适当的地区因势利导地开发旅游，不仅保护了原有的旅游资源，同时增添了当地的资源魅力。除了不断发掘和运用古人智慧外，还应引入现代先进的科学技术，如广泛地推广和应用清洁能源技术、安装先进的排污系统等。

（5）强化立法，严格执法

不少旅游资源的破坏都是法制不健全，由人为原因造成的。所以，为了旅游业的可持续发展，必须通过立法手段来加强对资源的保护，对破坏行为实行强制干涉和惩罚。在采取宣传、立法等预防性措施的同时，应对损害和破坏旅游资源的单位和个人给予必要的严厉的行政处罚和经济处罚，对造成严重破坏者，还应追究其法律责任。而制定和实施乡规民约，提高旅游目的地居民的自我约束能力和资源保护意识，也显得非常重要。

（6）强化管理部门职能，加强旅游管理和引导

旅游管理部门应当遵照国家法律法规，根据市场形势，履行职能，将乡村旅游资源保护工作落到实处。加强对乡村旅游资源开发活动的管理和引导，对于那些会导致乡村旅游资源受到威胁的旅游活动，应给予一定的限制；对于某些景区在某些时段内的超负荷运转，应采取有效的措施对游客进行疏导、分流或限制；对于游客的旅游行为，要加强管理并建立奖惩机制。

第二节 乡村旅游设施建设

一、乡村旅游设施建设的基本原则与总体要求

（一）乡村旅游设施的内涵

1. 乡村旅游设施的含义

在乡村旅游业的发展中，乡村旅游设施是不可或缺的物质基础。所谓乡村旅游设施，就是为了适应旅游者在乡村旅行游览过程中的需要而建设的各项物质设施的总称。

2. 乡村旅游设施的构成

通常来说，乡村旅游设施可以细分为以下几类：

（1）乡村旅游交通设施

从某种程度上来说，没有交通也就没有乡村旅游，而且交通通达深度、交通设施的完善程度、交通服务质量是乡村旅游业发展的前提条件，也在很大程度上决定着乡村旅游能够吸引的旅游者数量。因此，在乡村旅游设施中，交通设施占有十分重要的地位。乡村旅游交通设施包括乡村外部交通（即从旅游客源地到乡村旅游目的地所依托的中心城市之间的交通）、乡村内部道路（即乡村旅游目的地内部的交通）、停车场、服务驿站、特色风景道、指引系统等。

(2) 乡村接待服务设施

乡村接待服务设施涉及住宿、餐饮、娱乐、购物等多个方面,可以说是乡村旅游者使用量最大的一类乡村旅游设施。乡村接待服务设施的建设情况,将会对乡村旅游者的旅游体验产生重要的影响。

(3) 乡村环卫设施

乡村环卫设施是乡村旅游便利性的重要保证,而且乡村环卫设施的建设情况在很大程度上影响着旅游者的旅游体验。一般来说,供水设施、供电设施、给排水设施、垃圾收运设施、旅游厕所等都属于乡村环卫设施。

(4) 乡村信息服务设施

乡村信息服务设施是乡村旅游目的地为了使旅游者及时对乡村旅游信息进行了解而建设的,主要包括导览标志系统和通信设施两大类。在当前的信息时代,必须高度重视乡村信息服务设施的建设与升级。

3. 乡村旅游设施的重要性

在乡村旅游的发展中,乡村旅游设施有着十分重要的作用,具体表现在以下几方面:

(1) 乡村旅游设施影响旅游者的旅游体验

乡村旅游景点的设施如果不够完善,那么旅游者在整个旅游过程中的体验会变差。如此一来,旅游者对该乡村旅游景点的认可度便会下降,再次前来的可能性也会大大降低。而旅游者的减少,又会导致乡村旅游景点的收入减少,从而影响乡村旅游业的进一步发展。

(2) 乡村旅游设施是乡村旅游品质的重要载体

乡村旅游设施涉及的内容是十分广泛的,而且在很大程度上影响着乡村旅游的品质。乡村旅游设施只有具备较强的功能性和独特的个性,才能使乡村旅游的高端品质得到有效凸显。

(3) 乡村旅游设施展现乡村旅游的风貌

乡村旅游设施是乡村旅游整体形象和细节特色即"乡土味"的重要展现。而乡村旅游设施与乡土特色的结合,对于展现乡村旅游风貌具有重要作用。

(二) 乡村旅游设施建设的基本原则

1. 闲置性原则

乡村有着极为广阔的地域且变化十分缓慢,因此在乡村发展过程中出现的宗祠、农舍、水井、水塘、简易生活设施等闲置的文化遗存通常能够长时间保留。而在发展乡村旅游的过程中，可以充分利用这些闲置的文化遗存来建设乡村旅游设施。这不仅能够减少乡村旅游建设的成本，提高乡村闲置文化遗存的利用率。

2. 乡村性原则

乡村旅游设施并不是刻意雕琢的人工景观，而是注重将乡村风貌与乡土文化进行有机融合，以展现出人与自然的和谐相处。因此，在建设乡村旅游设施时，必须遵循乡村性原则，具体体现在以下几方面：

第一，在建设乡村旅游设施时，可以对乡村老房子的建筑方式进行借鉴。这是因为，乡村老房子的建设成本比较低，而且建筑材料容易获得、方便施工。

第二，在建设乡村旅游设施时，要切实以乡村环境为依托，以便旅游者能够在旅游过程中充分体验浓郁的乡土气息以及乡村整体环境的和谐美感。

第三，在建设乡村旅游设施时，要切实体现一个"农"字，即乡村旅游设施要能够充分体现农家氛围。

3. 自然性原则

自然性原则指的是在建设乡村旅游设施时，要注重人与自然的有机融合，尽可能保证乡村旅游设施的建设材料要么直接从自然中获得，要么通过农民的生产获得，如木头、砖块、麦秸等。此外，在建设乡村旅游设施时，所选择的建筑材料要做到无毒、无腐蚀性，且能够回收利用。

4. 经济性原则

在进行乡村旅游设施建设时，要在充分考虑自身经济状况的基础上，尽可能降低建设的费用，并要确保建设好的设施能够给乡村旅游的发展带来良好的经济效益。这便是乡村旅游设施建设的经济性原则。

(三) 乡村旅游设施建设的总体要求

在进行乡村旅游设施建设时，除了要遵循一定的原则，还要符合以下几个总体性的要求：

1. 乡村旅游设施建设要注意多做"减法"，少做"加法"

一提到乡村旅游设施建设，绝大多数人首先想到的是要新建哪些设施，很少会想到现有的设施是否存在冗余、是否需要适当拆除一些。事实上，在已有的乡村旅游设施中，不乏对自然环境有害的、重复建设的。对于这些乡村旅游设施，必须予以剔除，以确保乡村环境的保护以及乡村旅游业的可持续发展。也就是说，乡村旅游设施建设要注意多做"减法"，少做"加法"。

2. 乡村旅游设施建设的基调必须是单纯朴实的

在进行乡村旅游设施建设时，应自觉地追求单纯、朴实、自然的基调，切不可将乡村旅游设施建设得过于豪华与富丽堂皇，过于"洋气"。只有这样，才能确保所建设的乡村旅游设施与乡村旅游的内涵相统一，才能有效保护当地的资源和环境，才能使旅游者在旅游过程中切实获得返璞归真的体验。

3. 乡村旅游设施建设必须注重保护乡村环境

自然生态是乡村旅游产品的核心，厌烦了城市喧嚣的城市居民到农家就是为了亲近自然、享受自然。因此，在进行乡村旅游设施建设时，既要设计出有特色的乡村旅游设施，又要注重对乡村环境的保护，尽可能做到与自然环境有机融为一体。

二、乡村旅游交通与游憩设施建设

（一）乡村旅游交通设施的建设

乡村旅游交通设施就是游客出入乡村旅游区以及在其内完成游览、体验服务时所利用的各类道路网络、交通工具及配套设施。

1. 乡村旅游交通设施建设的关键因素

在进行乡村旅游交通设施建设时，要特别注意以下几个关键因素：

(1) 可进入性

利用特定的交通系统，从某一区位到达指定活动区位的便捷程度，便是可进入性。交通最基本的特征便是具有可达性，它是连接旅游集散地和乡村旅游目的地的重要途径。因此，在进行乡村旅游的各类道路网络建设时，要确保其具有良好的可进入性。为此，必须做好用于沟通乡村旅游景点至外部城镇或连通该地区干线、支线公路的建设，它是吸引旅游者进入乡村旅游的基础。

(2) 功能性

在对乡村旅游区内的车道进行规划时，要首先考虑到是采用人车隔离还是人车共存。采用人车隔离的车道规划，既能够保证汽车的顺畅行驶，也能够保护行人的安全。而采用人车共存的车道规划，就是在不对行人的步行以及沿街居民的生活造成威胁的前提下，允许汽车通行，但尽量不要让"穿过性"交通入内，并要对汽车的车速进行限速，以免出现威胁行人和居民安全的情况。为此,在对车道进行规划时,路面必须采用车子进入须慢行的设计构造。

(3) 规范性

在进行乡村旅游交通道路建设时,要特别注意道路的规范性、合理性和细枝末节的联通性,以切实形成为旅游和生活服务的乡村交通网络。

(4) 秩序性

在进行乡村旅游交通道路建设时,必须建立清晰的秩序,让旅游者感受到一种愉快的空间和景观意象。为此,在进行乡村旅游交通道路建设时要切实考虑到以下几个问题:

第一,出入口与基地周围动线系统的联结。

第二,汽车与行人尽量避免冲突。

第三,与基地停车场或服务区相配合。

第四,对基地与周围景观造景冲突最小化。

(5) 体验性

在进行乡村旅游交通设施建设时,要注重体验性的设计,具体如下:

第一,要注重乡村旅游交通线路的体验性设计。这能够进一步增强乡村旅游的趣味性,继而延长旅游者的旅游活动时间,促进乡村旅游的进一步发展。

第二,要注重乡村旅游交通工具的体验化,因地制宜地扩展诸如索道、游船、滑竿、骑马等体验性活动项目,增加共享单车等类型的交通工具。

(6) 安全性

在进行乡村旅游交通设施建设时,要切实考虑到安全性这一因素,即要根据不同道路的性质和特点,合理选择道路平面形式、断面形式和路面结构、材料等,保证车辆、行人交通的安全和畅通。

(7) 景观性

在进行乡村旅游交通设施建设时,要强化自然和文化特点,注意道路的景观设计与沿线自然条件和建筑物相协调,同时注意道路绿化的整体性和连续性。

(8) 可持续性

在进行乡村旅游交通设施建设时,应重视建设过程中的生态要求,确保所建设的乡村旅游交通设施在不破坏生态环境的同时,能够进行可持续利用。

2. 乡村旅游交通设施的具体建设

(1) 步道的建设

在乡村旅游规划中,步道是不容忽视的一个部分。通常来说,步道就是引导旅游者穿越特定户外空间而使用的林荫道、广场和绿地。因此，步道的建设情况，将会对整个乡村旅游活动的效果产生重要的影响。要建设一条好的步道，安全因素是首先要考虑的，其次要确保步道的宽度、斜坡适当，表面装饰材料能够防滑且具有耐久性，最后要注意步道的两边要有良好的景观、供行人休息的座椅，步道周边的植物、铺面、水池、喷泉等景致也要精心考虑，这对于增强旅游者的美感体验具有重要的作用。

（2）机动车游览道路的建设

在乡村旅游交通设施的建设中，机动车游览道路的建设可谓是重中之重。它既要承担乡村旅游景区交通集散的功能，又要承担一部分游览观赏功能。

在进行机动车游览道路建设时，必须做好以下几方面的工作：

①要做好机动车游览道路的线路设计

在进行机动车游览道路的线路设计时，应特别注意以下几方面：

第一，机动车游览道路的平面线形应直接、连续、顺适，并要安全舒适。

第二，机动车游览道路的线路要与地形相适应，并能与周围的环境保持协调一致。

第三，机动车游览道路既要满足汽车行驶的基本要求，也要满足驾驶者和旅游者在视觉方面的要求，即能够让驾驶者和旅游者获得良好的视觉和美好的景观感受。

第四，机动车游览道路的最小纵坡度一般应大于或等于0.5%，困难时可大于或等于0.3%，以便满足道路的排水需求。当遇特殊困难纵坡度小于0.3%时，应设置锯齿形偏沟或采取其他排水措施。

第五，机动车游览道路要控制好平均纵坡度，当越岭路段的相对高差为200~500m时，平均纵坡度宜采用4.5%；当相对高差大于500m时，宜采用4%；任意连续3000m长度范围内的平均纵坡度，不宜大于4.5%。

第六，机动车游览道路应成为乡村风情的串联通道，即所设计的机动车游览道路应注重对民风民俗等乡村文化的展现，并注意通过乡村文化主题小品、特色标志牌、特色文化展示等方式，构建融山水画卷、田园风光、历史文化、民俗风情等为一体的游览线路。

②要做好机动车游览道路的横断面设计

机动车游览道路的横断面主要有两种形式，即单幅路和双幅路。其中，单幅路是将双向行驶的车辆都组织在同一车道上，且通过道路标线对快慢车道进行划分，使车辆分道行驶。在不会破坏交通秩序且不会对交通安全造成影响的情况下，可以对快慢车道进行调剂使用。通常来说，当路段的交通量相对较小或是道路用地难以扩展时，可以采用单幅路这一道路横断面形式。

双幅路相比单幅路来说，是将双向行驶的车辆分为上下两道，因而使在行驶过程中更为安全。通常来说，双幅路适用于三种路段：一是双向机动车交通量都较大的路段；二是车道中心设置绿化带进行隔离的路段；三是双向车道不在同一高程上的路段。

③要选择合理的路面材料

在建设乡村旅游的机动车游览道路时，最重要的是确保其能够与行车安全要求相符合。为此，在选择机动车游览道路的路面材料时，要充分考虑材料的坚固性、平稳性、耐磨性以及承载力。此外，还要考虑到材料应有一定的粗糙度，并且少灰土、便于清扫。通常来说，沥青混凝土、黑色碎石加沥青砂封面、水泥混凝土或预制混凝土块等，都是较为理想的机动车游览道路的路面材料。

(3) 自行车游道的建设

在我国，自行车可以说是一种极具特色的交通工具，且具有多种优点，如费用低、无污染、占用面积小、节省能源等。在乡村旅游中，完全可以将自行车作为一种重要的旅游交通形式，让旅游者在观赏风光的同时达到休闲健身的目的。为此，需要进行自行车游道的建设。在这一过程中，必须做好以下几方面的工作：

①要做好自行车游道的线路设计

在进行自行车游道的线路设计时，应特别注意以下几方面：

第一，在进行自行车游道的线路设计时，要充分考虑到景观资源的状况、地形以及气候等因素，尽可能体现出一定的地方特色。

第二，在进行自行车游道的线路设计时，要充分考虑到安全性，不可穿越地质不稳定的区域。

第三，在进行自行车游道的线路设计时，要充分考虑到生态性，不可穿越重要动植物栖息地等环境敏感区，以免造成生态环境的破坏。

第四，在进行自行车游道的线路设计时，要尽量配合地形，尽可能将对地形地貌的破坏降到最低。

第五，在进行自行车游道的线路设计时，要考虑到周围风景的多样性，因而最好设计成环路。

第六，在进行自行车游道的线路设计时，不能忽视引导设施、服务设施、交通管制设施的建设。

第七，在进行自行车游道的线路设计时，要注意在适当的位置设置休憩平台或水平车道，以供旅游者休息。

第八，在进行自行车游道的线路设计时，要充分考虑到游道的坡度。通常来说，坡度以小于5%为宜，最好不要超过8%，其中坡度超过2%的路径不宜超过4km，坡度超过4%

的路径不宜超过 2km，若有特殊高差必须克服也尽量不超过 12%。

②要做好自行车游道的横断面设计

在进行自行车游道的横断面设计时，应特别注意以下几方面：

第一，自行车游览道的路面宽度应按车道的倍数计算，而车道数应按自行车高峰每小时的交通量来确定。通常来说，为保证道路的整体性，同一乡村景区的自行车游览道路应采取相同的宽度标准。一般每条车道的宽度宜为 1m，靠路边的和靠分隔带的一条车道侧向净空宽度应为 0.25m。自行车道路双向行驶的最小宽度宜为 3.5m，若混有其他非机动车时，单向行驶的最小宽度应为 4.5m。

第二，在自行车游览道的曲线转弯处，要充分考虑其曲率半径，并适当加宽自行车道转弯的内侧。

第三，自行车游道除了要有舒适、景观美质的车道行驶空间，还要有自行车停放空间以及休憩停留空间等。

第四，自行车游道的两侧要做好边坡、护栏、排水、照明、绿化等相关设施的建设。

③要选择合理的路面材料

在建设自行车游道时，路面材料优先考虑透水性铺设材料，在透水性不佳的地方，可以在碎石层下增设过滤砂层，并增加碎石级配厚度至 15cm 以上。为避免车轮打滑，路面铺设应避免与车行方向平行的勾缝，垂直方向的勾缝宽度不得大于 12mm，且道路表面的平整度上下之差不得大于 20mm。

此外，在建设自行车游道时，所选择的路面材料要具有耐久性、经济性，且维护起来较为容易。此外，所选择的路面材料的表面质感与原始色泽要尽可能与环境相融合，以免过于突兀。

（4）停车场的设计

在对停车场进行设计时，应特别注意以下几方面：

第一，在对停车场进行设计时，设计风格要尽可能与乡村旅游区（点）的整体造型保持协调一致。

第二，在对停车场进行设计时，要注意根据车型合理地安排车位基础层的厚度，通常游览车位的基础层厚度要大于小型车。

第三，在对停车场进行设计时，要尽量选择原本就平坦的空间，以减少人工的痕迹以及人工的建筑成本。

第四，在对停车场进行设计时，要注意采用透水软底的铺面材质，以便增加土壤的含水量。同时，要注意在不同功能的车道、车位及步道上，以不同铺面材质加以区分。但是，不论采用哪种铺面材质，都要确保其具有耐候性、耐压性、耐磨性及易维护性。

第五，在对停车场进行设计时，不能忽视绿化造景。停车场的绿化造景要切实能够发挥绿化的作用，并能够与周围的环境有机融合。

第六，在对停车场进行设计时，要尽可能选择坡度平缓、排水性良好的地点，并要考虑到旅游者可以接受的步行距离。

第七，在对停车场进行设计时，要注意与交通线进行紧密配合，并确保车辆的进入不会影响主要交通路线的通畅。

第八，在对停车场进行设计时，可以考虑采用路边停车的形式，且尽可能采用斜角停车的方式。

第九，在对停车场进行设计时，要注意留有一定的弹性停车空间，以免旺季时出现无法停车的现象。

第十，在对停车场进行设计时，要注意应在村庄主入口或游客接待中心附近区域设置大型生态停车场（可供旅游大巴车停放），村庄内可根据需要设置小型生态停车场。

（二）乡村旅游游憩设施的建设

乡村旅游游憩设施是供旅游者观景及休息时的建筑物及坐具，它们的存在可使旅游者在旅游环境中停留更长的时间。

1. 乡村旅游游憩设施建设的原则

在对乡村旅游游憩设施进行建设时，需要遵循一定的原则，具体如下：

（1）要展现乡土气息和地域风貌

在进行乡村旅游游憩设施时，要确保其在外观方面能展示出浓郁的乡土气息和地域风貌，能够对区域范围内整体景观起到点缀的作用。乡村游憩设施不应等同于城市的现代化景观，应以乡村环境为依托，营造出传统农耕社会的乡野之趣、田园之乐，保留单纯、质朴的乡村审美意味。

（2）要体现原生态

在进行乡村旅游游憩设施建设时，要尽可能体现原生态。因此，乡村旅游游憩设施的建筑材料应取材天然，或选用当地特有的建筑材质，体现地域特征。一般情况下，可以选择原木质地、石材质地，甚至是秸秆稻草或海边地区的海草也都可以营造不同的建筑风格，还能带给旅游者天然纯粹的原生态体验。

（3）要注重与环境的协调融合

乡村游憩设施应秉承师法自然、天人合一的传统理念，体现出建筑与自然的高度和谐。

2. 乡村旅游游憩设施建设的内容

在进行乡村旅游游憩设施建设时，通常来说包括以下几方面的内容：

(1) 休憩座椅

休憩座椅是满足乡村旅游者休息需要的最基本配置，也是乡村旅游区的重要构成元素。为了能够给旅游者提供舒适干净、稳固美观的休憩环境，休憩座椅在外观设计、位置设立、材质选择等方面都要综合考虑。

①休憩座椅的外观设计

为给旅游者提供舒适的休息环境，休憩座椅在外观上应与人体的生理需求相符合。因此，在对休憩座椅的外观进行设计时，要科学设计休憩座椅的高度、宽度、靠背以及表面等。一般座椅设计平均高度离地面约46cm，宽度30~46cm，同时座椅表面与靠背要与人体曲线相适合。

②休憩座椅的位置设立

第一，休憩座椅在方位上应采用面对面或垂直排列，以方便旅游者之间进行交流。

第二，休憩座椅要尽可能布置在乡村旅游区的步行道、广场等位置。

第三，休憩座椅的周围尽可能搭配树木或墙壁等，以便旅游者能够获得安稳的感觉。

第四，休憩座椅最好设置在树荫下，还要注意配置独立的遮阳伞，以满足旅游者遮阳或避雨的需求。

③休憩座椅的材质选择

休憩座椅在材质选择上应尽量与乡村旅游区内的自然环境特性相配合，采用天然材质，如木料、石料、藤制品等，使其能够与周围环境相得益彰，体现美观与实用兼顾的原则。

(2) 观景平台与凉亭

旅游者在游览过程中，往往需要能够进行短暂休憩的场所，并且希望在这一场所观赏到特殊的景观。因此，在进行乡村旅游游憩设施建设时，要重视平台与凉亭的建设。

在乡村旅游建设中，应综合考虑修建成本和旅游者休憩需求两方面的因素，对观景平台与凉亭进行结合使用。同时，在外观设计与主材料选择方面，可以木材、石材等天然材质为主，体现质朴、原始的乡土气息。

三、乡村旅游给排水与垃圾收运设施建设

（一）乡村旅游给排水设施的建设

在乡村中，水是非常重要的一个要素，事关乡村的生存与发展。因此，在进行乡村旅游设施建设时，给排水设施的建设应特别注意以下几方面：

1. 要优先实施区域供水

区域供水指的是水源相对集中、供水范围覆盖多个区域、管网连成一片的供水系统。

城乡统筹区域供水，可以确保水资源得到有效利用，并能有效保障农村供水的水质、水量。因此，在统筹城乡建设工作中，统筹城乡区域供水被认为是一项重要的工作。靠近城镇和区域供水管网的村庄要优先选择区域供水管网延伸供水，加快推进供水管网进村、入户。在测算用水量时，应当考虑旅游接待旺季时的需求。

2. 要保障饮用水安全

在进行乡村旅游的给排水设施建设时，要切实保障饮用水安全，为此要注意做好以下几方面的工作：

第一，要做好集中式给水工程的建设，以确保饮用水的供给充足。若是无法实现集中式给水工程的建设，则要选择单户或联户分散式给水方式，采用手动泵或小型水泵供水。

第二，要确保水源周围的环境卫生，而且给水厂站生产建筑物和构筑物周边 30m 范围内应无厕所、化粪池和畜禽养殖场，且不得堆放垃圾、粪便、废渣和铺设污水管道，以免饮用水被污染。

第三，要确保生活饮用水都经过了消毒处理，同时所有与生活饮用水接触的材料、设备和化学药剂等应与国家现行有关生活饮用水卫生安全规定相符合。

第四，饮用水的供水管材应选用 PE 等新型塑料管或球墨铸铁管，并要及时更换失修或漏水严重的管道，以免对饮用水造成污染。

3. 要做好雨水的收集与排放

在进行雨水的收集与排放时，可以充分利用地形，以自流方式及时就近排入池塘、河流等水体；也可以根据实际采用沟渠、管道收集或就地自然排放雨水。

4. 要做好污水处理

乡村旅游的发展，不仅给农村带来了可观的旅游收入，而且给农村带来了大量的污水。而大量污水的存在，不仅会影响农民的日常生活，而且会制约乡村旅游的可持续发

展。因此，在进行乡村旅游给排水设施建设时，必须做好污水处理工作，具体可从以下几方面着手：

第一，城镇周边和邻近城镇污水管网的村庄，应优先选择接入城镇污水收集处理系统统一处置。

第二，村民居住相对集中的规划布点村庄，可以通过建设小型污水处理设施的方式，对污水进行相对集中的处理。通常来说，村庄小型污水处理设施的处理工艺应经济有效、简便易行、资源节约、工艺可靠。一般宜采用"生物-生态"组合模式，推荐选用"厌氧池-自流充氧接触氧化渠-人工湿地""厌氧池-脉冲生物滤池-人工湿地""厌氧池-风帽滤池-人工湿地"等工艺；有条件的村庄也可选用"水解酸化-好氧生物处理"等处理效率较高、运行费用较高的传统生化处理工艺；位于环境敏感区域并对排放水质要求高的村庄，可选用膜生物反应器等工艺。

第三，村庄若是处于复杂的地形地貌环境，村民分散居住且难以对污水进行集中收集，则可以采用相对分散的方式对生活污水进行处理。

第四，在进行污水处理时，不可对海洋、河流等水源造成污染。

第五，所建设的污水处理设施，其规模与性质应与乡村旅游的发展规模以及乡村旅游的游憩功能相适应。

（二）乡村旅游垃圾收运设施的建设

1. 配置收集设施

一般来说，垃圾收集设施主要包括两类，即垃圾桶（箱）和垃圾清运车。

（1）垃圾桶（箱）的配置

第一，垃圾桶（箱）的数量要充足，一般5~10户设置1个垃圾桶（箱），服务半径一般不超过70m。

第二，垃圾桶（箱）的设施地点应隐蔽，以免影响旅游者的旅游体验，破坏环境。

第三，垃圾桶（箱）的容积由容纳服务范围和清运周期内的垃圾投放量确定，一般以200~500L为宜。

第四，垃圾桶（箱）要注意加盖，以免影响周围的环境卫生。

第五，垃圾桶（箱）选址应方便村民投放，并尽可能布置在村庄主次道路旁，位置相对固定，方便村民使用。

第六，垃圾桶（箱）要尽可能保持完好的形状，以免影响旅游者的观感。

第七，垃圾桶（箱）所在地面应十分坚固，以免产生的废水等污染地面水或是饮用水。

(2) 垃圾清运车的配置

第一，垃圾清运车应根据服务范围、垃圾产量及车辆运输能力等来配置。

第二，垃圾清运车的数量要根据村庄的人口来确定，原则上总人口 3000 人以下的村配 1 辆，总人口 3000~5000 人的村配 2 辆，总人口 5000 人以上的村配 3 辆。若采用人力车清运垃圾，可在此基础上适当增加清运车辆。

第三，垃圾清运车可以是专用人力收集车、专用机动三轮收集车，也可以是专用运输汽车。

2. 建立保洁机制

在进行乡村旅游垃圾收运设施建设时，建立有效的保洁机制也是十分重要的，具体内容如下：

第一，提倡由清运车直接收集运输的垃圾收运模式，尽量减少设置村庄垃圾收集点。这样既可节约投资，也可防止因渗滤液漏出、蚊蝇滋生而带来的二次污染。

第二，鼓励农村发展生活垃圾源头分类收集、资源再利用，实现就地减量。一般来说，生活垃圾可分为有机垃圾、可回收垃圾、有毒有害垃圾和其他垃圾四类。其中，有机垃圾可生物降解，宜分类收集后就地处理，也可结合粪便、污泥及秸秆等农业废弃物进行资源化处理。资源化处理包括堆肥处理、结合沼气工程厌氧消化处理、生物转化等方式。设置人畜粪便制沼气的村庄，可将有机垃圾粉碎后与畜禽粪混合加入，以增加沼气产量。

第三节 乡村旅游发展模式与市场开拓

一、乡村旅游的主要发展模式

（一）休闲度假型发展模式

休闲度假型发展模式主要是指那些离城镇比较近的农村，利用自己的地缘优势和交通便利条件，以乡村生态景观、乡村文化和农民的生产生活为基础，以家庭为具体接待单位，开展旅游活动。这种发展模式的主旨是满足现代都市人为了缓解工作和生活压力，利用假日外出使其精神和身体得到放松的目的。长期以来大为流行的"农家乐"就属于这种发展模式。"农家乐"的活动场所就是广大的农村地区，经营的主体主要是农民，他们兴建一些休闲、娱乐设施，为游客提供休闲、度假、娱乐、餐饮、健身等服务。游客所游玩的活动项目也主要是根据农业、农村和农民的"三农"资源所展开的。

(二) 农业观光型发展模式

农业观光型发展模式主要是指乡村旅游主体以优美的乡村绿色景观和田园风光及独特的农业生产过程作为旅游吸引物，吸引城市居民前往参观、体验、购物和游玩。它是将观光旅游与生态农业结合在一起的一种乡村旅游发展模式，它的形式和类型有很多。比如，打造观光农园，即在城市近郊或风景区附近开辟特色果园、茶园、菜园等，让游客入内摘果、采茶、赏花，享受田园乐趣；打造农业公园，即按照公园的经营思路，把农业生产场所、农产品消费场所和休闲旅游场所融为一体；开展农业科技游，即以现代农业科技园区为重点，开放园区高新农业技术和品种、温室大棚内设施农业和生态农业，使游客增长现代农业知识；开展务农体验游，即通过参加农业生产活动，与农民同吃、同住、同劳动，让游客接触实际的农业生产、农耕文化和独特的乡土气息。

(三) 民俗风情型发展模式

民俗风情型发展模式是以乡村民俗、乡村民族风情以及传统民族文化为主题，将乡村旅游与文化旅游紧密结合，来开展旅游活动。民俗风情的内容，包括地方特有的风俗和风物，如岁时、节日、婚姻、生育、寿诞、民间医药、丧葬、交际、礼仪、服饰、饮食、居住、器用、交通、生产、职业、民间工艺、社会、娱乐、信仰、禁忌等。

这种模式能够深度挖掘乡村旅游产品的文化内涵，充分凸显农耕文化、乡土文化和民俗文化特色，形成融文化、民间技艺、民俗、节庆活动、乡土气息为一体，兼具观赏性、娱乐性和参与性的休闲度假旅游目的地，因而非常有助于满足旅游者文化旅游需求，提升产品档次。

(四) 景区依托型发展模式

景区依托型发展模式主要是指乡村旅游经营主体依托著名景区，将景区的游客作为目标顾客，吸引其前来参观旅游。游客在对景区的自然风光和良好的生态环境体验之余，会产生对周围村庄的田园风光和农家生活的派生需求，因此，景区依托型的发展模式是可行的。

景区边缘地带是我国开展乡村旅游最早的地方，景区附近农村居民依托旅游景区游客市场，发展特色农业、养殖业、种植业，以规模化接待为主，对土地成片开发，开展具有观光、学习、教育等功能的乡村旅游，突出乡村生产生活的民俗旅游活动。把附近旅游景区（点）的部分服务功能分离出来，吸引周边农民参与旅游接待和服务，并融入一些乡情活动，能够大大促进农民增收致富和周边乡村发展。

（五）古村落依托型发展模式

古村落依托型发展模式是指以浓厚的古村落文化和特色古村落建筑为核心吸引物，以保护为主，因势利导开发旅游，促进乡村发展。在我国，古村落通常是指那些已经有五六百年以上历史的村寨。这样的村寨往往有着深厚的文化底蕴、淳朴的民风和古色古香的建筑遗迹等。而这些都是其发展乡村旅游的重要资源。

（六）现代农村展示型发展模式

现代农村展示型发展模式是指以新农村形象为旅游吸引物来开展旅游活动。毋庸置疑，能够开展这种旅游的农村必须是经济发达、交通便利、知名度较大的农村。当前，我国各省区都有一批社会主义新农村，它们以"新"为特点，在住宅、街巷、道路和生态环境、产业设施、服务设施以及各种配套设施方面，都发生了全新的改变，成为乡村城市化、城乡一体化的典范。

二、乡村旅游市场分析

（一）乡村旅游市场环境分析

乡村旅游总是在一定的外部环境和内部环境之下开办经营的。两种环境共同作用于乡村旅游活动，对其进行一定的制约和影响。一般来说，外部环境难以改变，需要努力去适应，而内部环境可以改变，需要不断去优化。

1. 外部环境

（1）政治环境

这主要指乡村旅游开办地的旅游政策、相关法规，也包括主要客源地的政治稳定性和相关政策。它们对乡村旅游开办地的经营具有重要的影响。因此乡村旅游的经营者一定要对当地的旅游政策以及相关的法令，如环境保护法、保险法、旅行社法、旅馆法、广告法、交通运输与航空运输法以及合资经营法等给予关注。

（2）经济环境

经济环境包括我国的经济增长速度、人均 GDP、物价水平、就业状况、居民收入水平等。我国经济发展程度对乡村旅游的发展具有决定性的作用。当人均 GDP 较高时，人们的出游动机较强，旅游活动频繁。随着城镇化、工业化进程加快，我国人均 GDP 大幅上升，居民消费类型和行为发生重大转变，乡村旅游迎来了快速发展的契机。除了关注国内生产总值（人均 GDP）外，乡村旅游开办地的经营者还需要注意个人可自由支配的收入，注意客源地消费水平与消费结构，以确定乡村旅游提供的服务水平、种类与价格。

(3) 社会文化环境

社会文化环境包括语言、价值观、生活方式、风俗习惯等。由于人们通常到语言熟悉的地方进行乡村旅游，语言对乡村旅游具有重要影响。我国是一个多民族、多语言、多文种的国家，不仅 56 个民族都有自己的语言，仅汉语就有七大方言，而随着乡村旅游的发展，外国人也会成为游客，外语也成为乡村旅游发展的关键，因此，要想做好乡村旅游、评上星级乡村旅游经营户，必须多掌握几门语言。各地的价值观、生活方式、风俗习惯有所不同，而这些因素对游客是否进行乡村旅游有明显的影响。因此在这些方面也要做好相应准备。

(4) 人口地理环境

人口地理环境包括客源地的人口数、人口结构、人口密度与城市化程度、地理位置和地形等。不同年龄段的人口对乡村旅游的偏好不同；很明显，临近人口密度较大的城市对乡村旅游的发展是一个强有力的依托，而如果处于交通要道或著名景区附近也有利于乡村旅游的发展。如果在这方面没有优势，那就需要我们加倍的努力。

(5) 技术环境

在当今时代，科学技术的发展对乡村旅游产生了越来越大的影响，尤其互联网对人们生活的方方面面产生了影响。比如，网络的出现影响到宣传的方式，飞机票价的降低有助于吸引远方的游客。所以，乡村旅游经营者还应注意信息技术的更新与应用。

2. 内部环境

(1) 旅游中介

旅游中介主要包括旅游批发商、旅行社和广告服务机构等，他们是协助旅游企业寻找游客或直接与游客交易的企业或个人。他们对乡村旅游开办地的经营者和游客都有较大的影响。

(2) 竞争者

有市场就有竞争，乡村旅游的竞争者也有不少，比如周围景区的竞争、周围其他乡村旅游经营者的竞争等。竞争者在产品、价格、渠道和促销方法等方面会对乡村旅游的经营产生较大的影响。因此，乡村旅游经营者要不断地与竞争对手进行比较，了解相互之间的优势与劣势，采取有效的措施进行改进和完善。

（3）供应商

供应商指为乡村旅游企业开办经营提供原材料、设备、能源、劳务、资金等的企业和个人。他们供货的质量、价格直接影响到乡村旅游企业的价格水平与服务质量。因此，规模较小的乡村旅游经营者可以采取某种形式联合，进行团购；而规模较大的乡村旅游经营者可以采取招标的方式选择有信用的企业。

（4）游客

游客的特点、游客的消费结构、游客的偏好、游客偏好的变化趋势等也在很大程度上影响着乡村旅游开办地的经营。所以，应采取科学有效的方法进行市场调研，掌握关键的数据，以便提供最适宜的产品和服务。

（二）乡村旅游市场细分

1. 乡村旅游市场细分的作用

首先，乡村旅游市场细分有利于选择目标市场和制定有针对性的营销策略。在不同类型的细分市场中，旅游资源特点不同，游客需要的设施、服务也不尽相同。通过市场细分能比较容易地反映旅游消费者的需求特点，乡村旅游企业可以根据自己的特色以及服务能力，确定自己的服务对象，即目标市场。针对目标市场制定合适的营销策略，更容易获得反馈信息，从而进一步提供满足需求的产品。

其次，乡村旅游市场细分有利于提高竞争能力。任何一个乡村旅游企业都有自身的优势和劣势。充分发挥优势，有效避开劣势，才更可能成功。乡村旅游市场细分则能够让旅游企业做到根据自己供给条件的优势，选择最适合自己的目标市场，从而制定有效的经营策略，提高自身的竞争力。

最后，乡村旅游市场细分有利于发掘市场机会，开拓新市场。通过市场细分，乡村旅游企业可以对每个细分市场的购买能力满足程度、竞争情况等进行分析对比，探索出适合于本企业的新的市场机会，及时做出广告策略的调整，进行必要的产品、服务创新，开拓新市场，如乡村"银发旅游""亲子游"等，乡村旅游企业可以进行仔细的市场调研，以更好地适应市场的需要。

2. 乡村旅游市场细分的步骤

乡村旅游市场细分的步骤是先确定细分的标准或依据，以此为基础分割市场并对分割后的市场进行分析，最后确定目标市场。这里我们可以参照麦卡锡提出的细分市场步骤来进行更为细致的市场细分：第一，选定乡村旅游产品市场范围；第二，列举潜在游客的基本需求；第三，了解潜在游客的不同需求；第四，排除潜在游客的共同需求；第五，划分相应的游客群；第六，分析乡村旅游细分市场的需求与购买行为特点，并分析其原因，以便在此基础上决定是否可以对相关乡村旅游细分市场进行合并，或做进一步的市场细分。

3. 乡村旅游市场细分的标准

乡村旅游市场细分都是按照一定的标准进行的。不过，乡村旅游市场中并没有绝对的或固定的标准，所以确定细分标准要根据自身的经营领域、条件、旅游资源，特别是市场经验来进行。以下是乡村旅游市场细分中常用的几个标准：

（1）人口统计变量

这是最流行的一个标准，既直接又十分有效。它包括性别、年龄、职业、收入、家庭结构、受教育程度、国籍、民族、社会阶层等。人们的旅游行为和特点与这些因素密切相关。其中，年龄是细分旅游市场最主要的变量之一。按照人口年龄段的不同，旅游市场可细分为老年市场、中年市场、青少年市场。

（2）地理变量

它是按照旅游者的来源地不同来细分旅游市场的，主要包括地理区域、气候环境、人口密度和都市化程度等。处于不同地理位置的旅游者在收入水平、价值观念、生活方式、偏好等方面存在较大差别，因此，对同一类产品往往呈现出差别较大的需求特征。目前，乡村旅游经营者主要是按照与乡村旅游目的地的距离来进行市场细分的。从国内乡村旅游现状来看，大多数是相邻近的城市游客，经常是家庭或朋友集体出行，其中自驾车游占有相当的比例，选择的出游时间一般为周末或者节假日。所以，乡村旅游的核心市场一般在50km 以内。

（3）心理变量

它是根据旅游者的生活方式、个体特征、兴趣爱好、价值取向等心理特征进行市场细分的。与人口统计变量不同，心理变量相当于软指标，不能直接被判别或是用数字来表示。对于旅游营销而言，抓住旅游者的心理特征来对市场进行细分是十分重要的。

（4）行为变量

它包括旅游者的购买时间、利益追求、使用频率、使用潜力、使用目的以及品牌忠诚度等。根据这些变量，可以将乡村旅游市场细分成具有特别购买习惯、偏好或目的的不同群体。比如，根据使用潜力可将乡村旅游市场划分为高潜力、中潜力和低潜力旅游者；根据品牌忠诚度可将乡村旅游市场划分为铁杆忠实者、大致忠实者、变化忠实者和品牌转化者。

4. 乡村旅游市场细分的原则

(1) 可衡量原则

所划分市场的规模和购买力大小能定量地测定，也有明晰的界限，这样才能有效地针对不同细分市场制定营销组合。如老年人乡村旅游市场就需要知道老年人的标准、老年人的数量及旅游特点。

(2) 可进入原则

这是指乡村旅游产品和服务能够进入该细分市场，从而占有一定的市场份额。例如，外国的乡村旅游者市场，尽管他们的消费能力较高，也有乡村旅游倾向，但现阶段中国乡村旅游企业的客观条件限制了进入该市场的能力。

(3) 可盈利原则

这是指所划分的市场应具有一定的规模和消费能力。虽然乡村旅游市场细分有使整体大市场小型化的倾向，但依然应当保持一定的规模经济效益。

(4) 差异性原则

这是指各细分市场的乡村旅游者对同一种宣传方式，应有不同的反应，否则，就没有必要进行细分了。

(5) 稳定性原则

市场细分是一项复杂又细致的工作，因此，变化不能太快，要有相对的稳定性，否则会造成营销宣传活动前后脱节和被动的局面。

需要注意的是，市场细分对乡村旅游企业的营销活动具有重要促进作用，但存在一定的缺点，如成本较高，市场细分标准难以确定，细分市场的大小也难以确定，分得太细，市场太小，分得较粗，又难以采取有针对性的措施。所以，一定要针对问题，尽可能地缩小问题所带来的影响。

(三) 乡村旅游客源市场分析

1. 旅游者需求分析

乡村旅游营销是基于乡村旅游市场的游客需求而进行的，因此，在乡村旅游目标市场分析中，一定要把握旅游者的需求。归纳而言，乡村旅游者的需求主要有以下几种：

(1) 回归自然，体验乡土文化的需求

生活在拥挤而喧嚣的城市环境中的人们往往希望通过乡村旅游暂时远离这样的环境，参观农村人文景观，参与各种农事活动，获得身心的放松和愉悦，体验浓厚的乡土文化特色，从而满足自身回归自然的需求。

（2）求新求知的需求

人们（尤其是城市青少年）在参与乡村旅游的过程中可以学到很多书本上没有的知识，也可以加深对原有知识的理解与认识。他们亲身参与其中，在与大自然的接触中，认识大自然的奥秘与伟大，感受大自然的无情与残酷，激发思考人与自然和谐相处、共存共荣之道。当然，除了对自然界知识的学习外，人们在乡村旅游过程中还能学到很多社会、历史等人文知识，感知农民的智慧与创造精神等。

（3）康体养生需求

随着我国老龄化时代的到来，越来越多的都市老人开始注重康体养生。这就为乡村旅游的发展开拓了新的空间。相对来说，乡村的空气清新，食品绿色安全，生态环境良好，这都有利于人的身心健康。旅游者在乡村旅游，能够享受城市环境所不能带来的精神上的感受及物质上的需要。

（4）旧地重游需求

很多城市的工人、职员等都是来自农村，其前辈多与农村息息相关，亲缘与血缘是友好往来的本源。此外，由于我国特殊的历史，很多人曾有过"上山下乡"经历，他们与农村、农民发生了直接、间接的关系。因此，故地重游也就成了他们在乡村旅游中的一个重要需求。通过乡村旅游，他们重新感受自己走过的足迹，进而缅怀当年往事。

（5）亲身参与的需求

有的旅游者并不满足于被动地参观、体验上，还希望主动参与。因此，乡村旅游经营者可以抓住旅游者的这一需求，开发出能让旅游者主动参与的旅游产品。质朴的田园生活对久居都市的居民有着相当的吸引力，旅游者一般都喜欢在乡村旅游地参加一些力所能及的简单农活。加入其中深刻体验乡村生活无疑对城市居民来说是一种很好的精神享受。

2. 乡村旅游客源市场的定位

（1）乡村旅游目标市场选择

在乡村旅游客源市场的分析中，目标市场的选择是首要的。所谓目标市场就是乡村旅游企业在市场细分的基础上，所选择的要服务的旅游者群体。在将旅游市场细分后，我们要选择具有一定规模和增长速度，且适合自己条件的细分市场作为目标市场。当然，可能目前某些乡村旅游企业的条件还不够完善，但确定目标市场会使其明确努力的方向。

乡村旅游经营者选择目标市场时，应遵循以下几个原则：第一，乡村旅游目标市场必须与旅游企业的经营目标和企业形象相符合。第二，乡村旅游目标市场必须与旅游企业所拥有的资源相匹配。旅游企业拥有的自然条件成为选择目标市场的重要依据。第三，乡村旅游目标市场的选择应该能使旅游企业充分地发挥自身的优势，充分利用自身资源，扬长避短，突出自己的特色，方能使营销获得成功。

（2）乡村旅游客源市场的定位步骤

在目标市场确定后，乡村旅游经营者就要进行目标市场定位，即根据目标市场上的竞争者和企业自身的状况，从各方面为本企业的旅游产品和服务创造一定的条件，进而塑造一定的市场形象，以求在目标旅游者中形成一种特殊的偏好。定位有利于旅游经营者有针对性地开展营销活动，有利于造就和强化在旅游者心目中的持久形象，有利于拓展目标市场。

一般来说，目标市场定位首先要从乡村旅游企业的服务设施、服务环境、服务项目及人员、地理位置等方面找出与其他竞争者不同之处；其次要从这些不同之处中选择那些具有重要性、专有性、优越性及营利性的方面进行包装宣传；最后要向目标顾客传递乡村的定位形象，并最终形成竞争优势。

（3）乡村旅游客源市场的定位方法

①产品使用者定位法

这是指乡村旅游企业主要针对某些特定的顾客群体进行产品与服务的促销，以期在这些顾客心目中建立起产品的专属性特点，激发他们的消费欲望。

②特色定位法

这是指在农事参与项目、民俗文化活动、地域历史文化等方面建立浓郁的乡土特色，以吸引目标游客。

③质量与价格定位法

这是指把自己定位为提供性价比最优的产品或服务。

④利益定位法

这是指根据目标游客所看重的某种或某些利益进行定位。比如，我们这里的空气特别清新，水质特别好，能治愈皮肤病等。

⑤竞争者定位法

这是根据与市场竞争有关的属性或利益进行定位，即把自己定位为在某一方面比竞争者更好，或我们比周围的竞争者要好。

三、乡村旅游的产品策略

（一）乡村旅游产品的生命周期策略

1. 推出期

在推出期，乡村旅游产品才刚刚被旅游者获知，他们对产品还不是很了解，所以他们的购买很多是试探性的，很少重复购买，这就致使乡村旅游企业的销售量增长缓慢，利润极小，甚至亏损。当乡村旅游产品处在推出期时，乡村旅游企业最好以一种低姿态的方式，采用缓慢渗透策略进入市场，目标可确定为使旅游者认识乡村旅游新产品。

2. 成长期

在成长期，乡村旅游产品的生产设计已基本定型，主题明确，基础设施已趋完善，服务人员劳动熟练程度提高，服务趋于标准化和规范化，服务质量得以大幅度提高，加之前期旅游宣传促销效果的出现，乡村旅游产品在市场上的知名度大大提升，愿意购买的消费者增多，重复购买者的人数也不断上涨。

3. 成熟期

在成熟期，乡村旅游产品大部分都已进入市场，开始面对激烈的乡村旅游市场竞争。一些新乡村旅游项目对原有旅游产品具有替代性，因而在这一阶段旅游产品差异化成了市场竞争的核心。

当乡村旅游产品处于成熟期时，乡村旅游企业的广告宣传应更加注重突出本产品区别于竞争产品的优点。在促销上，乡村旅游企业要增加投入，给旅游者以优惠，配合使用人员推销和营销公关，以稳定乡村旅游产品的销售。与此同时，乡村旅游企业还不能忽视提升产品质量，提升旅游技能，增加服务项目，开发新的产品和新的市场。

4. 衰退期

当乡村旅游产品该更新换代时，就进入了衰退期。此时，新的乡村旅游业态已进入市场并逐步地替代老业态，除少数名牌乡村旅游产品外大多数旅游业态销售量逐渐减少。如果此时乡村旅游企业不迅速采取有效措施使乡村旅游产品进入再成长期，以延长旅游产品的生命周期，则旅游产品将随着市场的激烈竞争以及销售额和利润额的持续下降而面临转型、转产或倒闭。

(二) 乡村旅游产品组合策略

1. 产品线延伸策略

产品线是产品组合的基础,产品组合的广度、深度、关联性都决定了产品线的状况。产品线延伸主要是针对产品的档次而言的,在原有档次的基础上向上、向下或双向延伸,都是产品线的延伸。

(1) 产品线向上延伸策略

这主要是指乡村旅游企业原来的产品属于中低档或低档产品,为了优化产品组合,新推出高档或中档的同类产品。这种策略能够帮助乡村旅游企业获得更丰厚的利润,可丰富产品线,满足不同层次消费者的需要,可提高企业的形象。需要注意的是,采取这种策略的乡村旅游企业应当原本就有较高的声誉,具有向上延伸的足够能力,能应付竞争对手的反击。

(2) 产品线向下策略

乡村旅游企业在原来生产高档或中档产品的基础上,再生产中档或低档的同类产品,就是产品线向下策略。采用这一策略,乡村旅游企业往往能弥补高档产品减销的空缺,也能防止竞争对手乘虚而入。当然,它可能会给人以"走下坡路"的不良印象,也可能刺激竞争对手进行反击,形成不良的内部竞争局面。

(3) 产品线双向延伸策略

这是指原来生产低档产品的乡村旅游企业同时扩大生产高档和低档的同类产品。

2. 产品线削减策略

产品线削减策略,就是指乡村旅游企业通过缩减产品组合的宽度(产品类别)、深度(产品项目数量)等,实行相对集中经营。具体来说,消减产品组合的方式主要有以下几方面:取消一些需求疲软或者乡村旅游企业经营能力不足的产品线或产品项目;取消一些关联性小的产品线,同时增加一些关联性大的产品线;取消一些产品线,增加保留下来的产品线的深度;把某些工艺简单、质量要求低的产品下放经营。

3. 产品线现代化策略

随着社会越来越现代化,乡村旅游产品也可以走现代化之路。比如,现在互联网越来越普及,那么乡村旅游企业就应注意将高效快速的移动互联网技术等现代科技融入乡村旅游产品中;要注意用现代的理念传承和保护乡村的乡土风情,根据当地特有的景观风貌、民俗风情、人文特点等,将乡村文化的保护与资源的可持续利用统一起来。

（三）乡村旅游产品的品牌策略

1. 乡村旅游产品的品牌定位

乡村旅游产品要想在众多的竞争者中取胜，一定要先进行品牌定位。乡村旅游品牌定位是根据其竞争状况和产品优势，确定其在旅游业中的竞争优势，根据乡村旅游者的需要和动机进行品牌定位，并通过其品牌形象设计，使消费者能选择其旅游产品。

2. 塑造品牌——提升乡村旅游产品的竞争力

乡村旅游只有做好品牌打造，才能更好地把乡村旅游与更大的市场链接，才能使乡村旅游的运营持续提质。当然，乡村旅游产品的品牌塑造并不是一件容易的事情，需要通过多方面的努力来实现。

（1）以特色旅游吸引物凸显差异化

乡村旅游目的地的品牌往往就是乡村旅游目的地最具特色或优势的旅游吸引物的一个集中体现。乡村旅游吸引物的打造必须对游客产生足够的吸引力和感召力，并能够为游客带去他们所需的满足感，只有呈现出独特性，并且让游客感知这种独特性，才能保证乡村旅游在品牌塑造过程中获得成功。

（2）提供优质设施与特色服务

乡村旅游服务设施是开展乡村旅游活动的基础，也是游客顺利进行旅游活动的物质保障。在乡村旅游自身品牌的塑造过程中，不得不重视优质服务设施的提供。优质服务设施并不是对豪华或奢侈的追求，而是对各村镇民族或民俗特点的凸显。基于现代游客的需求，在构建具有地方传统特色服务设施时，应尽量满足游客的生活习惯，保证游客体验的舒适度。

（3）充分发挥政府的科学政策引导和扶持作用

塑造乡村旅游的品牌不仅是经营者与当地居民的责任，更需要地方政府立足全局，积极引导并大力扶持。政府应该能认识并确立本地乡村旅游品牌的本质与内涵，制定科学的宣传推广策略，引导区域内的所有相关主体统一思想和认识，积极参与到本地乡镇旅游品牌的塑造中。政府还应积极发挥导向作用，鼓励和吸引社会主体广泛参与，立足于旅游目的地品牌的定位，对本地乡村旅游的形象进行全方位的展示和推广，提升当地的知名度和影响力。

（4）规范乡村旅游经营者和本地居民的行为

在乡村旅游业发展的进程中，农户、协会、园区、企业等各类经营者为旅游活动创造条件，并负责提供游客所需商品和旅游服务，是游客感知旅游价值的最直接的接触者。经营者的行为直接影响了游客对乡村旅游产品和服务的体验与感知效果，直接影响着游客的情感、利益。各经营者应积极创新旅游服务、提升服务水平和接待能力，给游客留下美好印象。

3. 乡村旅游产品品牌的推广

为了使品牌能够产生其应有的效果，有步骤、有计划地进行品牌推广，还需要制订品牌推广方案，方案中要对品牌推广的范围、时间、方法予以明确规定。推广方案制订好后，就应以目标市场为导向，做好品牌的传播与宣传。

品牌传播主要有广告传播和公关传播两种途径。广告对传播品牌、扩大品牌影响、提高品牌的市场占有能力有非常重要的，甚至是无可替代的作用，所以才有许多旅游企业投入巨资进行品牌宣传。过去我国乡村旅游企业的广告使用的媒体主要集中在专业性杂志和路牌广告上。近年来，不少企业已经开始利用电视、广播、互联网等来进行宣传。公关传播的主要方法有宣传性公关、赞助性公关和服务性公关。

四、乡村旅游的价格策略

（一）新产品价格策略

乡村旅游产品都有自己的市场寿命周期。乡村旅游企业应该根据旅游产品寿命周期各阶段的不同特点和变化趋势，从市场的需要出发，有针对性地对价格进行调整。为了获得更好的营销效果，对新产品的价格来说，可采用以下几种策略：

1. 撇脂定价策略

这种策略属于高价格策略，即对上市初期的乡村旅游新产品，定很高的价格，随着时间的推移而逐渐降低售价。这种策略就像从牛奶上层中撇取奶油（脂），因而将这种价格策略称为撇脂定价策略。乡村旅游企业采用这种策略主要是想在短时间内收回产品的研发成本并获取高额利润。

采取这一种策略必须具备下列条件：第一，游客并不太了解旅游产品的特征和性能；第二，游客对该旅游产品具有某种偏向性，价格弹性较小；第三，旅游市场容量相对有限，或者现实的游客较少。

高价代表旅游产品优质，有利于提高旅游产品身价，满足旅游者追求高端大气上档次的消费心理。当然这种销售策略也有不足，那就是价格过高不利于旅游产品对市场的开拓，也可能给旅游者带来企业"太黑"的印象，而损害到乡村旅游企业的形象。

这种定价策略作为一种短期的价格策略，适用于具有独特的技术、不易仿制、资源垄断性强、被替代性小、不容易迅速扩大等特点的乡村旅游新产品。此外，当市场需求较高时，也适合采用这种定价策略。在这种策略下，价格高时获利多，有利于增强企业实力，也有利于企业在此后开展价格竞争并掌握主动权。

2. 渗透价格策略

与撇脂定价策略相反，这种价格策略是利用旅游新产品投入市场时，消费者求实惠的心理，将新产品以较低的价格推出来以吸引消费者，以期很快打开市场，扩大销量，待销路打开后，再逐步提高价格。这种策略就像将水倒入泥土中，水很快就会从缝隙里渗透进去，因而这种策略被称为渗透价格策略。

这种策略能够满足游客追求低价的心理预期，但旅游企业收入并不因此而大大减少。其中的奥秘在于客人的二次消费，旅游企业通过降低某个主要消费项目价格的方式（如门票），刺激客人前来消费，却通过客人购买其他产品和服务的方式来弥补降价损失（比如在降低门票的同时要求客人必须参加自费的晚会节目）。当然，企业也可以采取淡季降价方式争取客源，表面看价格确实下降许多，但其实与降价带来的高客流量对比，企业的实际收入反而是增长了。当然，运用这种价格策略，也可能会导致投资回收期较长，如果产品不能迅速打开市场或遇到强有力的竞争对手，可能会遭受重大损失。因此，这种价格策略的运用要具备相应的条件：第一，市场对低价高度敏感；第二，随着销量增加和经验的积累，企业能降低单位成本；第三，企业能阻止竞争者进入市场。

3. 满意价格策略

满意价格策略就是指将新产品的价格定得不高也不低。这是一种折中价格策略，它汲取上述两种定价策略的长处。定价时，往往是先搞期望价格调查和预测，然后根据消费者对新产品所期望的支付价格来确定价格。

这种定价策略既能保证旅游企业获取一定的初期利润，又考虑了消费者的购买能力和购买心理，能够增强旅游消费者的购买信心，使消费者比较满意这种价格标准。因此，这种策略被称为满意价格策略。这种定价策略适用性较强，适合于各种旅游产品以及延伸产品营销时采用。当然，找到一个双方都满意的价格点并不是一件容易的事情，所以，乡村旅游企业必须对旅游产品成本、旅游市场需求及本企业和同行的产品进行周密的分析和研究。

(二) 心理定价策略

1. 整数定价策略

这是指乡村旅游企业在定价时，采用合零凑数的方法，制定整数价格。在现代乡村旅游活动中，乡村旅游产品或服务十分丰富，消费者往往靠价格高低来辨别产品的质量，对于一些旅游产品，实际很多消费者都不太内行，采用整数价格反而会提高产品的身价，使消费者产生"一分钱一分货"的感觉，从而促进旅游产品的销售。乡村旅游活动中的一些民间历史工艺品、字画以及高档山庄、度假村的客房价格等就往往采用这种定价策略。

2. 尾数定价策略

与整数定价策略相反，这种定价策略是给乡村旅游产品定一个带有零头数结尾的非整数价格。由于旅游消费者一般认为整数定价是概括性定价，是有水分的，是不准确的，而非整数定价则会使消费者认为是经过精确计算的最低价格，其价格是对消费者认真负责的、是合理的，因此，即便是产品定价稍高了些也觉得不太贵。

尾数定价策略可以使消费者产生价格偏低的心理感觉，如认为98元、99元是几十元，而101元则是一百多元。另外，尾数定价容易使消费者产生价格下降的心理错觉。因为当一种商品价格靠近整数以下时，会使消费者产生价格下降的印象，而当商品价格在整数以上时，会给消费者造成商品可能提价的印象，抑制他们的购买欲望。

3. 分级（分档）定价策略

分级（分档）定价策略就是把某一类旅游商品按不同品牌、不同规格、不同型号划分成若干档次，对每一档次的商品制定一个价格，这样标价就可使消费者觉得不同价格反映了产品质量上的不同品质，不但可便于消费者的挑选，也简化了商品交易的手续，同时还能满足不同消费者的消费水平和消费习惯。

在乡村旅游企业中，旅行社经常采用这种定价策略，对同样的旅行线路产品就分为豪华、普通和特价三种价格，分别以不同的价格吸引不同的旅游者；客栈也常常采用这种定价策略来确定房价结构，对客房分级定价，制定不同的价格。需要注意的是，采用这种定价策略，一定要使不同等级的产品在质量、性能、额外利益等方面有着明显的区别，否则容易导致消费者产生失望心理或是不信任心理。

4. 声望定价策略

这种定价策略是指对在消费者心目中有信誉的产品制定较高的价格，以满足某些消费者追逐有名气旅游产品、崇尚名牌、声望等的心理。一般来说，乡村旅游企业采用这种定价策略所制定的价格，往往为本行业中同类产品中的较高价格甚至为市场中的最高价。

(三) 差别定价策略

1. 时间差别定价

乡村旅游产品大多具有季节性，因而大多数乡村旅游产品在一年中存在明显的淡旺季，并且淡旺季价格不同。一方面，在淡季，乡村旅游经营者可以用低价来吸引旅游者；在旺季，高价对应高需求，获得最大收益。另一方面，旺季高价，可以调节游客的时间分布，使得游客在一年内相对均匀地分布，可以在淡季收回经营成本，在旺季减小游客对乡村旅游地生态环境造成的压力。

2. 地点差别定价

不同等级的乡村旅游地对游客的吸引力和辐射范围不同，反映在乡村旅游景点上，有热点景区、温点景区、冷点景区之分。不同线路、不同需求，同样可以实行差别定价。例如，需求量大的热点景区价格可以高一些，而温点景区需求较低，价格可以相对低一些。

第五章 生态经济背景下的乡村旅游营销与管理

第一节 生态经济背景下的乡村旅游市场营销

一、生态经济视域下乡村旅游市场的促销策略

（一）旅游促销的作用

对旅游者来说，旅游市场上提供的旅游服务有两种不同的类型：一种是经验品；另一种是搜寻品。所谓经验品是指旅游消费者在购买之前无法知道这种旅游服务的效用情况，只有通过亲身体验才能了解这种旅游服务的质量和效用。所谓搜寻品是指旅游者在购买服务之前就能了解和识别这种服务的质量和效用。除非旅游者经常消费某种旅游服务，大多数旅游服务都属于一种经验品性质的产品。旅游服务的经验品性质决定了它的后效性，无形服务又决定了其有形化展示的缺乏，因此旅游促销对于旅游产品的销售活动具有重要作用。

（二）生态经济视域下乡村旅游市场的主要促销策略

1. 旅游广告

广告是一种高度大众化的信息传播方式。它是一种在某一特定时期与空间范围内通过刺激和鼓励交易双方，并促使消费者尽快购买或大量购买产品而采取的一系列促销措施和手段。其优点是辐射面广，信息传播速度快；可多次重复宣传，提高产品的知名度；形式多样，艺术表现力强，可树立乡村旅游产品的整体形象。其缺点是传递信息量有限，信息停留时间短，购买行为具有滞后性，特别是成本较高。

（1）旅游广告的类型

依据旅游广告媒体的特点可将旅游广告分为以下三种类型：

①信息直达型旅游广告

这种类型的旅游广告又包括以下一些类型：

报纸旅游广告。旅游广告信息可直达旅游消费者，可信度强，覆盖面广，可保留，重复，读者面广，但传递速度慢。

杂志旅游广告。分类较细，旅游消费者目标群体明确，目标指向旅游广告受众准确，轮流阅读率高。

电视旅游广告。兼有视觉和听觉旅游广告的特点，是目前最理想的旅游广告媒体，但费用高。

互联网旅游广告。传递速度快，覆盖面广，通俗易懂，但声音刺激时间短，一般不保留。

直接邮寄旅游广告。通过邮局发布的旅游广告，特点是直接传达旅游广告信息，信息量大，旅游消费者阅读可能性大（与报纸、杂志比较），有亲切感。

②接近型旅游广告

这种类型的旅游广告又包括以下两种类型：

售点旅游广告。指在旅游企业店内、店外的旅游广告形式，如包装展销会、柜台式、悬挂式、实物组合式、旗帜旅游广告等。

展览、赛场旅游广告。在展览会、比赛场地发布旅游广告的形式，是使旅游消费者在一边观展和观赛的同时接受旅游广告信息的传达方式。

③通过型旅游广告

这种类型的旅游广告又包括以下两种类型：

户外旅游广告。在户外树立的商品形象、文字、图形等旅游广告形式，使旅游消费者在运动中获得旅游广告信息。

交通工具旅游广告。以车、船、机身、路牌和墙壁（铁路沿线）等为载体的广告形式。

（2）旅游广告媒介的选择

旅游广告是通过传播媒体向潜在旅游者传递有关信息。乡村旅游企业选择旅游广告媒体应当以广、快、准、廉为基本原则。具体来说，根据旅游产品和旅游需求的特点，旅游企业选择的旅游广告媒体以电视、报纸为主，以其他媒体为辅。根据旅客目标市场的地域分布，所选媒体的传播范围应与其一致。根据媒体的影响程度、企业促销目标与旅游广告费用预算，确定国家、省、市、县等不同级别的具体媒体。

2. 公共关系

（1）旅游公共关系的类型

不同企业或者同一企业在不同条件下、不同发展时期，由于面对的公共关系的目标、要解决的问题不同，就要对企业公共关系工作提出不同要求，从而在长期的公共关系实践中就形成了不同类型的公共关系模式。根据旅游企业公共关系工作的目标、任务和要求的区别，可以把旅游公共关系分为以下五种类型：

①宣传型公共关系

宣传型公共关系是指乡村旅游企业借助于各种传播媒介，通过宣传的途径达到宣传企业、树立企业形象目标的一种公共关系模式。

②服务型公共关系

服务型公共关系是指乡村旅游企业以提供方便、周到、热情的优质服务为手段，赢得公众的支持与信任，从而树立良好企业形象的公共关系模式。

③交际型公共关系

交际型公共关系是指乡村旅游企业通过人际交往活动，建立广泛的社会联系，以沟通信息和塑造旅游企业形象为目标的一种公共关系模式。它主要通过直接的个人交际和团体交际的方式，联络感情，协调关系，化解矛盾，建立良好的感情联系，在公众中留下良好印象。

④社会型公共关系

社会型公共关系是指乡村旅游企业通过参与或举办各种社会性、公益性、文化性活动来扩大企业影响、树立企业良好形象的一种公共关系模式。

⑤征询型公共关系

征询型公共关系是指乡村旅游企业采用征求公众意见、舆论调查、民意测验等手段广泛收集信息，加强与公众联系的一种公共关系模式。

（2）旅游公共关系的主要手段

①企业调研活动

乡村旅游企业通过民意调查、消费者调查、传媒监测等多种方式收集企业内外环境变化的信息，以了解公众对企业及其产品、服务的态度、意见和建议，了解竞争者的动向及其可能给企业造成的影响。公共关系调研有助于企业及时掌握竞争者、环境变化及公众的态度和要求，通过不断的努力保持企业与公众之间良好的沟通关系。

②新闻媒体的宣传报道

旅游企业公共关系人员的主要任务之一，就是发掘或创造对企业或其产品有利的新闻，并及时利用新闻媒体宣传出去。

③公共关系专题活动

乡村旅游企业可以通过举办或参加相关公共关系专题活动，传递企业的信息，加强与有关公众的沟通和情感联络。常见的公共关系专题活动包括新闻发布会、记者招待会、企业庆典活动、赞助活动与展览会等。

④外联协调活动

乡村旅游企业为了保持和谐的外部环境，应设法与当地政府、银行、新闻媒体、社区、行会等单位建立并保持稳定的联系和良好的沟通，经常并主动地向其介绍企业的经营发展状况，听取其意见和建议，争取其理解和支持，避免因为与它们的关系不协调而给企业带来不利影响。

⑤策划新闻事件

乡村旅游企业的公共关系人员应注意捕捉有利时机，利用或策划有可能提高企业知名度与美誉度的新闻事件，经过富有创意的设计和渲染，引起社会公众的广泛关注；特别要吸引新闻媒体的注意，并方便宣传报道，如举办研讨会、公益赞助、各种比赛活动、文化活动等。

⑥散发旅游宣传资料

乡村旅游企业的宣传资料内容主要是介绍企业发展的成绩、企业新开发的旅游资源及其特点、独特的服务方式、旅游消费者对企业的评价等。这些资料如果采用图文并茂的形式更能吸引消费者，引起消费者对企业的关注与兴趣。旅游宣传资料主要有企业刊物、小册子、图片、画片、传单、报纸等。

⑦公共关系的其他相关活动

乡村旅游企业公共关系人员的工作还包括企业宣传资料的编制、企业内部的信息沟通、员工关系管理、股东关系处理、宾客接待、临时活动的安排等。

(3) 旅游公共关系的实施步骤

①调查研究

旅游目的地与旅游企业通过调研，一方面，了解其实施政策后有关公众的意见和反映，反馈给高层管理者，促使企业决策有的放矢；另一方面，将旅游目的地与旅游企业的领导者意图及企业决策传递给公众，使公众加强对企业的认识。

②确定目标

一般说来，旅游目的地与旅游企业的公关目标是促使公众了解企业形象，改变公众对企业的态度。具体地说，公关目标是通过企业传播信息，转变公众态度。必须注意的是，不同企业或企业在不同发展时期的具体公关目标是不同的。

③交流信息

企业通过大众传播媒体及交流信息的方式传播信息。可见，旅游公关过程就是信息交流过程。

3. 营业推广

营业推广是指乡村旅游经营组织在某一特定时间和空间范围内进行刺激销售的促销方式。其优点是刺激性强，对顾客的吸引力大；迅速激发顾客需求，能在短期内改变顾客的购买习惯。缺点是注重短期销售利益，使用不当可能导致顾客的不信任。乡村旅游产品在萌芽期往往尚未得到旅游者的关注，采用营业推广能加快新产品进入市场的速度，产生立竿见影的强烈效果。

（1）营业推广的类型

根据市场特点及营业推广的目标不同，可以将营业推广分为三种类型。

（2）营业推广的策划

乡村旅游企业在进行营业推广时，应对营业推广活动进行全面的策划，制订营业推广的方案。一般需要对推广规模、推广对象、推广途径、推广活动期限、推广时机、推广预算、推广活动的具体实施和评估进行策划。

4. 人员推销

人员推销是指乡村旅游企业利用人员对乡村旅游产品进行推销的促销方式。这是最直接的促销方式，需要促销人员与旅游者面对面沟通。所以，这种促销方式具有较强的针对性，一般都是选择具有较大可能性的客户，以便直接促成交易。此外，这种方式具有灵活性，旅游人员推销与客户保持着最直接的联系，可以在不同环境下根据不同潜在客户的需求和购买动机，以及客户的反应调整自己的推销策略与方法，可以解答客户的疑问，使买主产生信任感。这种促销策略的缺点是覆盖面小，平均销售成本较高；对销售人员的要求较高，需要经过专业培训。对乡村旅游而言，人员促销策略主要适用于目标市场和旅游中间商。

（三）生态经济视域下乡村旅游促销策略的选择

1. 根据不同的旅游市场选择

不同的市场状况包括市场的范围、竞争的程度以及供求变化等。例如，对于规模小而相对集中的乡村旅游市场，可采取人员销售和营业推广；如果市场范围大而分散，可利用广告和公共的关系。市场竞争缓和时采用广告和人员推销等方式，市场竞争激烈时则可以组合多种促销策略。

2. 根据不同的旅游产品选择

乡村旅游产品的性质不同、生命周期不同，促销方式也应有所不同。乡村旅游产品存在着类型、性质方面的差异，乡村旅游消费者的行为动机也各不相同，在产品的不同生命周期阶段，市场接受程度不同，乡村旅游经营组织的营销重点也不一样，因此要选用不同的促销策略。在旅游产品的投入期，旅游者对乡村旅游产品不了解，促销的重点是增加信息量，提高旅游消费者的认知率，宜选择广告和新闻报道方式；在旅游产品的成长期，旅游者对产品产生兴趣，促销的重点是诱导消费者购买和树立形象，宜采用广告、人员推销和公共关系；在旅游产品的成熟期，消费者已经形成消费偏好，促销的重点是竞争，宜采取营业推广、公共关系和挂广告等，提醒、刺激消费者购买；在旅游产品的衰退期，消费者兴趣发生转移，促销的重点应该是刺激消费，宜采用短期效果较好的营业推广等。

3. 根据不同的促销对象选择

促销对象有的是面向中间商，有的是面向最终消费者即旅游者。面向中间商的促销，沿着销售渠道进行信息传递，通过乡村旅游中间商再传递给最终消费者，因而主要依靠人员推销传递信息。促销对象直接针对最终旅游者，促使其产生需求，从而向乡村旅游中间商或者乡村旅游经营组织进行预订，一般采用广告、营业推广和公共关系等。

4. 根据不同的促销预算选择

乡村旅游经营组织制定具体的促销策略时，还要受到促销预算的制约。在预算较小的情况下很难制定出满意的促销策略，只能采取简单的促销策略。预算充足，促销方式的选择余地较大，可以有较多的资金进行充分的市场调查。

（四）生态经济视域下乡村旅游促销策略的创新

1. 促销载体创新

在当今这个信息大爆炸的时代中，乡村旅游的主要目标市场城市居民每天要接受众多的信息，这些信息可能对他们做某项决策提供了依据，但是也有可能反而使他们更加难以决策。人们对不同的时间、不同的地点和不同载体出现的信息，其处理方式是不一样的。受到传统认知习惯及媒体势力的影响，大部分旅游企业在进行促销活动时都选择报纸、广播、电视作为宣传媒体，这就导致同一份报纸、同一时段的电视广告和广播出现了众多竞争企业的促销信息，影响了促销效果。所以，抢占新的载体能够降低竞争压力，获得竞争优势。

2. 促销内容创新

促销的效果往往受促销内容的较大影响，所以促销内容的创新也是促销策略创新的重要方式。促销的内容创新应当与时代发展的主题和社会热点相呼应，这样才能产生良好的社会效应。例如，近几年红色旅游在国内快速发展起来，很多乡村旅游都具有红色资源，但是由于没有开发意识，长时间地搁置了该资源，在红色旅游兴起之后，很多乡村都对红色资源进行了二次开发，并作为重要的促销内容加以推广，取得了很好的效果。另外，将乡村旅游与绿色、环保、健康、科普等概念联系起来进行促销创意，也可以达到良好的促销效果。

3. 促销方式创新

就我国当前的乡村旅游产业来看，大多数乡村旅游营销意识较为薄弱，促销方式较为单一，促销效果普遍不甚理想，甚至有等客上门的状况。乡村旅游经营组织应采取合理的乡村旅游促销组合策略，逐步完善营销体系。

对于依托风景名胜区的乡村旅游产品，则主要采取非人员促销方式。在所依托景区的出入口以及旅游集散地使用醒目的广告牌吸引游客的注意，引发游览兴趣；针对互联网受众群对商业广告厌烦的心理特点，在知名度较高的旅游网站或综合网站上开展以本旅游产品命名的游记征文大赛、设立旅游专栏等，进行潜移默化式的宣传等。

以重塑旅游形象为主要目的的高端乡村旅游产品，促销的目的在于广泛而有效的信息传播，可采取在知名度和美誉度较高的综合性大众媒体进行广告宣传、参加大型旅游博览会等方法。以高档市场补缺者形象出现，追求产品销售额与市场占有率的乡村旅游经营组织，则不宜过于依赖综合性大众媒体，而应以具有高度针对性的媒体宣传和直接销售为主，并高度重视口碑对销售的影响。

4. 促销形式创新

提升促销效果的还有一个重要手段就是创新促销形式。但是，一般的促销都是由单个旅游目的地出于宣传乡村形象或推介旅游产品而展开的，由于乡村本身的资金实力不强，采取的促销受到诸多限制，效果往往不佳。基于此，可采取联合促销的形式来开拓市场。

联合促销是指两个以上的企业或品牌合作开展促销活动。这种做法的最大好处是可以使联合体内的各成员以较少费用获得较大的促销效果，"你借我势，我借你声"，达到单独促销无法达到的目的。这种联合可以在乡村旅游和传统的景区旅游之间展开，也可以在乡村旅游目的地之间展开，乡村旅游地之间资源上的互补，使目标顾客一次获得不同的旅游体验，增强联合促销策略的市场吸引力。

二、生态经济视域下乡村旅游市场的销售渠道策略

（一）旅游市场销售渠道的类型

1. 直接销售渠道

直接销售渠道就是指旅游产品的生产者或供给者不通过任何中间环节，直接向旅游者销售其产品的销售途径。如果与科特勒的产品销售渠道对应，则属于零层次销售渠道。这种销售渠道具有直接性，能够节省支付给中间商的费用，从而帮助乡村旅游企业降低成本，使其有可能以较低的价格将产品销售给旅游者，从而获得价格上的竞争优势。此外，直接销售渠道还有利于旅游企业及时了解和掌握旅游者的购买态度和其他相关市场需求信息，从而根据市场需求尽快改进产品，使旅游产品的质量得以控制。

2. 间接销售渠道

间接销售渠道就是指旅游产品的供应商借助中间商的力量，将自己的产品销售给旅游消费者的途径。所谓中间商，就是指那些从事旅游供应商产品的转售业务、具有法人资格的经济组织或个人，如旅行代理商、旅游经营商、旅游批发商、会议策划商、奖励旅游组织商等。中间商按照其业务性质或主营业务，有经销商、代理商、批发商、零售商之分。

根据其中所含中间环节，旅游产品的间接销售渠道可分为以下几种不同的模式：

（1）旅游供应商→旅游零售商→旅游消费者

这一模式所涉及的中间商只有一个，一般是旅行代理商以及其他代理旅游零售业务的预订机构。欧美国家运用这一模式较为普遍。专事批发业务的旅游企业往往通过这一模式进行销售，除此之外，饭店、航空公司、邮轮公司等也以这一模式作为销售产品的主渠道。旅游供应商需要向中间商支付代理佣金。

（2）旅游供应商→旅游批发商→旅游零售商→旅游消费者

这一模式主要包括两个层次的中间商。第一个层次的中间商是旅游批发商，主要是一

些从事团体包价旅游批发业务的组团旅行社。它们经常大批量地购买航空公司、住宿企业、旅游景点，以及地接旅行社等各方的单项产品或服务，并对这些产品或服务进行打包组合，形成包价旅游线路产品或包价度假集合产品，最后通过客源地的旅游零售商将产品出售给消费者。

（3）旅游供应商→本地旅游批发商→客源地旅游批发商→客源地旅游零售商→旅游消费者

这一模式的中间商至少有三个。它是国际旅游业中广泛采用的一种销售渠道。我国很多旅游企业限于自身实力及海外客源地环境因素的制约，在面向海外旅游市场开展经营方面，常常既没有能力去海外客源地设立自己的直销网点，也难以与海外客源地的旅游零售商开展稳定的业务合作。因此，他们面向海外消遣旅游市场销售产品时，一般都是以协议价格将产品批量出售给我国的国际旅行社，由国际旅行社将这些产品编排组合为团体包价旅游产品，然后将其转包给海外客源地的组团旅行社，最后由海外客源地的组团旅行社委托当地旅行代理商及其他零售代理机构将产品出售给消费者。如果海外客源地的组团旅行社设有自己的零售机构，那么也可以自己扮演旅游零售商的角色，直接将产品出售给消费者。

（二）生态经济视域下乡村旅游销售渠道的主要成员

乡村旅游销售渠道的主要成员是指专门帮助乡村旅游经营组织进行营销的中介组织和个人，包括乡村旅游代理商、乡村旅游批发商、乡村旅游零售商、专业旅游媒介等。

1. 乡村旅游代理商

乡村旅游代理商是指与乡村旅游组织签订合同接受委托，在某一特定区域内代理其销售旅游产品，如代理乡村度假村接受预订、宣传乡村饭店的产品、向乡村旅游者提供旅游目的地的信息等。这类成员的主要收入来自被代理的乡村旅游经营组织支付的手续费或佣金。当乡村旅游经营组织需要在某一地区开拓市场或在客源集中地区无法直接进行营销活动时，可以借助乡村旅游代理商的营销资源优势寻找市场机会，扩大销售。

2. 乡村旅游批发商

乡村旅游批发商通常是一些实力雄厚的大型旅游公司或旅行社，具备较强的管理、宣传和销售能力。其主要是通过与交通部门、乡村旅游地以及其他餐饮娱乐服务机构等直接谈判签订合同，购买一定数量的座位、门票和房间，将这些单项旅游产品组合成包价旅游线路批发给乡村旅游零售商。乡村旅游批发商大多拥有较强的人、财、物及采购优势，采用集团化经营，也拥有自己的零售网络，抗风险能力强，其收入主要来源于交通部门支付的代理佣金、乡村度假饭店订房差价和乡村旅游地的门票差价等。

3. 乡村旅游零售商

乡村旅游零售商是指直接向旅游者提供乡村旅游产品的旅游中间商，主要是指旅行社。旅行社在乡村旅游产品销售中的作用甚为突出。其收入主要来源于相关旅馆、餐饮、车船公司等所支付的佣金或折扣。为了适应旅游消费者的多种需求，旅行社要熟悉各种乡村旅游产品及其价格，要充分了解乡村旅游者的偏好、经济支付水平、生活消费方式等情况，帮助乡村旅游者恰当地安排合适的乡村旅游线路，向旅游者提供咨询服务，代为预订车船票，还要与乡村旅游地的旅馆、餐馆、景点以及车船公司等保持良好的沟通和联系，不断反馈乡村旅游市场和旅游者的需求变化信息。

4. 专业旅游媒介

专业旅游媒介包括旅游促销机构、旅游经纪人、旅游信息中心等，主要从事旅游宣传，向旅游者提供信息服务、预订服务及旅游线路的推荐服务。这也是乡村旅游销售渠道中不可缺少的成员之一。其收入来源主要是通过提供服务，在每次预订中收取一定的费用。

(三) 生态经济视域下乡村旅游市场销售渠道的选择

1. 选择销售渠道的基本原则

乡村旅游产品销售渠道的选择是乡村旅游市场营销工作的一个重要组成部分。这一部分涉及诸多方面的影响因素，因此在选择过程中必须遵循一定的原则，即旅游者导向原则和经济效益原则。

（1）旅游者导向原则

在选择乡村旅游产品的销售渠道过程中，遵循旅游者导向原则主要就是要注意方便旅游者购买。

为了获得良好的营销业绩，乡村旅游企业在旅游市场营销工作中，首先要注意开发符合旅游者需求的乡村旅游产品，制定能够为旅游者市场所接受的产品价格；其次要注意针对目标市场的特点，开展与乡村旅游产品有关的促销宣传活动；最后还要选择合适的销售渠道。如果销售渠道没有选择好，忽视了旅游者的需求，那么前期工作做得再好，也会影响营销工作的最终效果。很多时候，一些乡村旅游企业营销业绩不佳，主要原因并不是产品质量不佳，也不是产品价格不具竞争力，也不是旅游者市场对产品缺乏了解，而是销售渠道的设置不妥，不能让旅游者方便、顺利地购买或预订产品。

（2）经济效益原则

对一个旅游企业来说，其产品的销售渠道并不是随便形成的，而是旅游产品生产者经过认真筹划而开辟和组建的，并且需要以派员巡访、提供文件资料和宣传品、建立计算机联网以及某些其他方式去定期地加以维护。由此可知，销售渠道的开辟和维护是需要一定的成本的。因此，乡村旅游企业在选择销售渠道时也要遵循经济效益原则。

2. 影响乡村旅游销售渠道选择的因素

乡村旅游经营组织在选择和设计销售渠道时，往往会受到多种因素的影响和制约。

（1）乡村旅游市场特点

乡村旅游市场复杂多变，乡村旅游市场的容量，各目标市场的地理分布、购买频率，旅游者对不同销售方式的反应，竞争者的销售渠道分布等，都直接影响销售渠道的选择。如果目标市场的规模很大，地理分布很广，应该选择较宽、较长的销售渠道；反之，应该选择直接渠道或者窄销售渠道。如果购买频率很高，一次购买量少，造成交易次数增加，就有必要选择多个中间商以降低交易成本；反之，如果购买频率低，每次购买量大，就可以用一些中间商采取较短的渠道来进行销售。

（2）乡村旅游产品特点

乡村旅游产品具有多样化、综合性的特点，不同的旅游产品组合需要选择不同的销售渠道。一般而言，价位较高、旅游容量较小、产品内容较单一、产品更新换代快的乡村旅游产品，适合短渠道策略；价位较低、旅游容量较大、产品内涵丰富、产品生命周期长的则适合长渠道策略。如果乡村旅游产品组合面太窄、产品单一，就不能适应零售商和旅游者的要求，而必须通过批发商进行分销；如果产品组合面较广、较深，花色品种较多，就容易适应零售商和旅游者的需要，采取的销售渠道可以短一些。乡村旅游度假饭店产品覆盖面广，宜采用间接销售渠道。高档的、有特色的乡村旅游产品大多直接面对旅游者进行销售，而大众化的乡村旅游产品通过间接渠道能够获得更多的客源。

（3）乡村旅游经营组织实力

资金雄厚、社会声誉好的乡村旅游经营组织，选择销售渠道的灵活性较大，一般可以随意挑选和利用各种有利的销售渠道。如果实力较弱，社会影响较小，又缺乏管理经验和营销能力，则宜依靠旅游中间商介绍客源。

（4）乡村旅游组织经营规模

经营规模决定乡村旅游经营组织的接待能力和目标市场，而所选择的目标市场的规模又影响销售渠道的选择。经营规模较大、范围较广的乡村旅游经营组织需要选择长而宽的销售渠道；反之则需要选择窄而短的销售渠道。

（5）乡村旅游组织销售人员素质

乡村旅游组织销售人员素质高，专业能力强，可以直接进行销售；反之，则需要更多依靠间接销售渠道。

3. 乡村旅游销售渠道的选择策略

销售渠道选择得恰当与否，对乡村旅游产品能否顺利进入目标市场发挥着巨大的作用。因此，为了选择最佳的销售渠道，旅游企业还应掌握一定的策略。以下阐述一些常见的乡村旅游销售渠道的选择策略：

（1）长度选择策略

销售渠道的长度通常是指旅游产品从生产者向最终消费者转移过程中所经过的中间环节的多少。所经过的中间环节越多，那么销售渠道就越长。例如，某乡村度假酒店大部分住宿产品实现销售的渠道为：先批发给当地的组团旅行社，由这些旅行社将这些住宿服务纳入它们所组织的包价旅游产品，并将这些包价旅游产品转包给外国的旅游批发商，然后由这些旅游批发商委托该国的旅游零售商将产品出售给最终的消费者。这就是一个较长的销售渠道。

（2）宽度选择策略

销售渠道的宽度主要是指一个旅游企业所依靠的直接经销和代销旅游产品的中间商数目。一般来说，直接经销和代销旅游产品的中间商越多，则其产品的销售渠道就越宽。

乡村旅游销售渠道的宽度选择策略，就是对选择哪一种宽度的销售渠道进行决策。当前，乡村旅游企业关于乡村旅游产品销售渠道宽度的选择策略主要有以下三种：

①独家销售策略

这是指旅游企业在销售产品时只选用一家信誉好、销售能力强的中间商。实际上，这是一种极端的限制性选择策略，当然销售渠道也最窄。这种策略一方面能够使旅游企业与中间商有较为密切的合作，提高中间商的销售积极性；另一方面能够帮助旅游企业更好地控制营销渠道。一些特殊的高价旅游产品就非常适合这种策略。当然，这种策略也存在一定的局限性，如灵活性小、不利于旅游消费者选择购买，中间商一旦出现问题，会极大地影响旅游产品的销售情况。

②限制性选择策略

这是指旅游企业根据自己的销售实力和目标市场的地域分布格局，在一定的客源地域范围内选择有限的几家信誉好、服务水平高的中间商经销或代销自己的产品。如果旅游企业要销售那些价格较高或市场供给量不大的旅游产品，可以采取这种策略。这一策略有利于旅游企业更好地控制销售渠道，以保持旅游产品的口碑。

③无限制选择策略

这是指旅游企业在自身没有足够实力设置销售网点的情况下，为了扩大产品销路而广泛使用中间商。这一策略不需要旅游企业对中间商进行挑三拣四，只要中间商愿意经销或代销旅游企业的产品并接受双方商定的利益条件，就可以达成合作关系。虽然，旅游企业采用这种策略时，广泛选用中间商，不过于挑选，但它们会根据自身的销售实力给予不同程度的重视，如对不同中间商采用不同的报价，给不同中间商支付不同的佣金。例如，旅游饭店企业在借助中间商销售其住宿产品方面，在销售其特价优惠产品或是某些特殊产品时，会有不同的对待。

(3) 旅游中间商的选择策略

旅游中间商，是指处于旅游产品生产者与旅游消费者之间的具有法人资格的经济组织或个人。根据中间商的业务方式可将中间商分为旅游批发商和旅游零售商；根据中间商是否拥有旅游产品的"所有权"分为旅游经销商和旅游代理商。总体上而言，旅游中间商有利于加快旅游产品的流通，提高旅游产品的销售；有利于旅游产品供求双方之间的信息交流，促使供求关系尽可能趋于平衡；有利于增加客源，提高旅游生产者的销售量。

(四) 生态经济视域下乡村旅游市场间接销售渠道的管理策略

1. 认识旅游销售渠道中各参与方的需要或利益追求

在乡村旅游产品销售渠道管理工作中，乡村旅游企业首先需要对乡村旅游产品销售渠道中有关各方的不同需要或利益追求有一个清楚的认识。如此才能更好地协调各方利益，达到预期的销售目标。

在旅游销售渠道的各参与方中，旅游经营组织的需要与利益追求主要是：在销售渠道中，其他各参与方都注重销售自己的产品，帮助自己扩大产品销量，同时又希望尽量减少该销售渠道的维持费用；旅游零售商的需要与利益追求主要是：自身能有多种产品向顾客提供，这些产品要能够给自己带来较高的佣金；旅游批发商的需要与利益追求主要是：希望有较高的销售量和利润，寻找到风险小、又能让零售商愿意代销的产品；旅游消费者的需要与利益追求主要是：从较多的产品品种中，能够方便地挑选理想的产品。毋庸置疑，当乡村旅游企业对旅游销售渠道中各参与方的需要或利益追求有一个清晰的认识时，往往更容易做出良好的营销决策。

2. 评估旅游中间商

乡村旅游经营组织在选定旅游中间商后，并不是说就此定局了，不用管了。其还应当采取切实可行的办法对旅游中间商的工作绩效进行检查与评估，根据评估结果对做出重大贡献的旅游中间商予以奖励，对绩效一般或低于生产者或供应商要求的旅游中间商，帮助其找出原因予以补救，对销售不力、效率低下、不能适应市场变化、对销售渠道整体运作有严重影响的旅游中间商要予以剔除。

3. 激励旅游中间商

旅游中间商是独立的经济实体，有自己独立的利益追求。因此，乡村旅游经营组织为了促使旅游中间商注重推销自己的产品，保证销售渠道的畅通、高效，应采取行之有效的手段对其进行激励。一般来说，可对旅游中间商采取以下一些激励手段：

（1）提供物美价廉、适销对路的乡村旅游产品

对乡村旅游经营组织来说，为乡村旅游中间商提供物美价廉、适销对路的产品是最能激励乡村旅游中间商的一种措施。因为旅游中间商的收入来源主要是旅游企业支付的佣金或价格折扣。旅游生产者或供应商提供的产品质量越好、价格越低，旅游者就越乐意购买，旅游中间商就越容易销售，也乐于销售，其通过销售所能得到的佣金或价格折扣就越多，所获得的经济效益也就越多。因此，旅游生产者或供应商要根据市场需要和旅游中间商的要求，不断地提高所生产的旅游产品的质量，降低旅游产品的成本。

（2）合理分配利润

乡村旅游经营组织与旅游中间商处于一种合作的关系中。乡村旅游经营组织要想更好地激发旅游中间商的销售积极性，在利润分配上一定要把握好度。一般情况下，乡村旅游经营组织应在充分考察各旅游中间商的销售数量、信誉、财力、管理，以及竞争者的定价策略等的基础上，根据具体的情况，分别给予旅游中间商不同的折扣和让利。

（3）帮助旅游中间商开展促销活动

乡村旅游经营组织可协助旅游中间商通过广告宣传、销售促进、公共关系等推销旅游产品，在促销活动中，可为旅游中间商提供免费电话以及宣传材料等。关于促销费用，如果乡村旅游经营组织在销售渠道的选择上采取的是无限制选择策略，那么自己支付全部促销费用；如果采取的是限制性选择策略，那么可与旅游中间商共同分担促销费用。

（4）授予旅游中间商独家经营权

一般来说，授予旅游中间商独家经营权很可能会影响市场的覆盖面，但获得独家经营权的旅游中间商往往更乐于在广告、促销等方面投入资金，以独享所增加的利益。此外，独家销售也有利于信息反馈，帮助乡村旅游经营组织提高旅游产品质量，给双方都带来声誉上的好处。因此，合适的情况下，也可以采用这种激励手段，只是乡村旅游经营组织要注意选择好旅游中间商。

（5）给予旅游中间商一定的资金资助

在旅游中间商资金不充裕的情况下，乡村旅游经营组织给予其一定的资金资助，能够大大激励乡村旅游中间商。一般来说，采用售后付款或售前部分付款的方式能促使旅游中间商大批量地购买和推销旅游产品。

4. 加强与旅游中间商的合作，调动他们的积极性

乡村旅游中间商为了自己的经营目标，往往会同时推销多家乡村旅游经营组织甚至其他类型旅游企业的产品。这些旅游产品既可以组合成综合旅游产品，又可以是相互竞争的产品，旅游中间商选择什么旅游产品取决于与乡村旅游经营组织的合作程度。因此，乡村旅游经营组织应尊重中间商的利益，加强与中间商的沟通，以达到双赢的目的。同时，根据中间商的营销能力、资信状况，给不同的中间商以不同的价格优惠，采用灵活的优惠形式，如减收或免收预订金等。

5. 注重调解旅游中间商之间的冲突

一般情况下，乡村旅游经营组织会选择多个中间商，旅游中间商之间会因竞争而发生冲突。冲突一旦发生，会对整个销售渠道产生不利的影响，因此必须对冲突进行有效合理的控制。解决冲突最有效的办法是加强与各渠道成员之间的联系，定期举办各种座谈会，把销售渠道成员聚在一起，相互沟通，消除分歧。

第二节　生态经济背景下的乡村旅游形象建设

一、乡村旅游形象

（一）乡村旅游形象的概念

乡村旅游是以乡村社区为活动场所、以独特的乡村文化景观、优美的农业生态环境、参与性较强的农事活动和传统的民族风俗等为旅游资源，以城市居民为主要客源市场，融观赏、考察、学习、餐饮、娱乐、购物、休闲、度假为一体的旅游活动。因此，乡村旅游形象，一方面，是通过大众传播媒体呈现出的媒介形象和公众形象；另一方面，是旅游者对乡村旅游目的地的认识与评价，即乡村旅游目的地在旅游者头脑中的总体印象，我们在谈论乡村旅游形象是某个乡村旅游目的地的旅游资源以旅游产品的形式呈现在游客和公众

面前，是社会对乡村旅游目的地特点的概括和总体评价，也是相关公众对该地的识别标志。

(二) 乡村旅游形象的特征

从旅游形象的构成角度看，乡村旅游形象是一种特殊的区域旅游形象，也具有旅游形象的一般特征。

1. 客观性与抽象性

一方面，形象本身是对具体事物的反映，是可感知的；另一方面，形象是事物在人脑中的反馈，大多数情况下是抽象的。乡村旅游目的地的社会存在决定了其形象具有客观性和具体性。

离开了乡村旅游目的地的现状，便不能构筑起一个可以被人知、被人信赖和引起人们好感的乡村旅游目的地形象，乡村旅游本身对城市生活的旅游者来说，是一种较为陌生的生活方式和体验方式。在没有乡村旅游体验的情况下，只能通过大众传媒或以往的经验判断来感知乡村旅游形象。因而，从这一角度上说，乡村旅游形象又具有抽象性。

2. 整体性

乡村旅游形象是由内外各要素构成的统一体。从内部要素看，它包括乡村旅游目的地的文化、资源特征、民俗节庆、农事活动等；从外部看，它包括公众对乡村的认知、兴趣、信赖等，这两者之间密不可分，由此构成了内涵丰富、有机联系的整体的乡村旅游形象。

3. 多样性和复杂性

首先，乡村旅游形象主要是由人去塑造并被人感知的，因而总会受到不同思维方式的影响。认知能力和文化背景的不同，使人产生不同的感知，这也造就了乡村旅游形象的多样性和复杂性。其次，乡村旅游资源的组成既有自然环境，又有物质和非物质成分，由于其内容丰富、类型多样，因而在不同的乡村旅游目的地形象中呈多样性和复杂性。

4. 稳定性和可变性

乡村旅游目的地形象一旦形成，在相当长的一段时间内很难在人们心中淡化，形象是一种经验积累和理性认识的过程。某一乡村旅游目的地由于其资源特色与市场定位使得其旅游形象相对稳定。而随着市场的变动，旅游者求新求变的心态，使得乡村旅游形象在一定程度上需要主动地稳中求变，带给旅游者新的理念、新的创意，由此吸引和满足不同旅游者的需求。人们的思维、认识也是随着外部环境的变化而变化，思维中的某某地乡村旅游形象也会随之而变化的，或越变越好，或越变越差。乡村旅游需要不断创新目的地旅游形象，在创新过程中，保持旅游目的地形象的相对稳定性。

5. 传播性

乡村旅游形象需要借助大众传播媒介和渠道进行传播。这种传播一般分为有意识传播（乡村旅游开发主体或旅游企业积极主动地推广与宣传）和无意识传播（旅游者、公众的人际传播、大众媒体报道）。现代社会，人们通过接收大众传媒的信息而感知世界，对乡村旅游形象的感知除了亲身经历体会之外，更多的印象来源于大众传播媒介所传递的信息。乡村旅游形象在传播的过程中建构和形成。

6. 战略性

树立乡村旅游形象的目的是提高旅游目的地知名度，从而增加经济效益、社会效益和环境效益，实现这三大目标的过程便是乡村旅游形象战略化的表现。在社会化媒体环境的当今社会，口碑和品牌成为企业和地方经济在激烈竞争中取胜的重要因素，乡村旅游目的地要在激烈的竞争中取得良好发展就必须着眼全局，提倡战略部署，走乡村旅游形象战略之路。

（三）乡村旅游形象的构成

一般来讲，乡村旅游形象由三大部分组成，即理念识别系统（Mind Identity，MI）、行为识别系统（Behavior Identity，BI）和视觉识别系统（Visual Identity，VI）。这三者相互作用、相互影响，形成一个完整的识别系统，被称为旅游地形象系统（Tourism Destination Image System，TDIS），是在旅游地规划中需要重点研究和考量的问题，良好的旅游地形象将有利于旅游品牌的形成和旅游吸引力的增强，因此乡村旅游形象系统策划是乡村旅游可持续发展不可忽视的环节。

1. 理念识别系统

理念识别系统是旅游形象系统的支柱，由社会使命、经营观念、行为规程、活动领域四部分组成。

（1）社会使命

社会使命是旅游经营活动的依据和出发点。例如，希尔顿酒店的使命是"持续不断地改进我们的工作，努力为我们的宾客、员工、股东利益服务，力争成为公认的世界上一流的饭店组织，使我们的事业繁荣昌盛"。随着可持续理论的广为传播，越来越多的乡村旅游经营组织不仅以市场利益为导向，以满足客人需要为最终目标，而且以社会的良性发展、资源的合理利用作为完成社会使命的前提条件。

(2) 经营观念

经营观念是旅游经营活动的指导思想，如企业精神、职业道德、质量意识、服务意识、企业凝聚力等，它反映一种价值观和思想水平。

(3) 行为规程

行为规程是旅游经营观念指导下对旅游从业人员的行为规范的具体要求，它体现在员工手册、岗位责任说明书、岗位操作规程、劳动纪律中。

(4) 活动领域

活动领域是旅游服务活动的范围。如乡村"农家乐"饭店，主要为旅游者提供食宿设施与服务。我国把旅行社划分为国内旅行社和国际旅行社，指明了不同旅行社的活动领域。社会使命、经营观念和行为规程属于旅游经营理念，活动领域为旅游经营理念提供具体的表现场所。

2. 行为识别系统

行为识别系统是理念识别系统的主要体现，通过服务行为和社会行为来传达。

(1) 服务行为

旅游者往往通过旅游经营组织的每名员工的一言一行来具体识别旅游形象。乡村旅游经营者通过对员工的教育、培训以及为员工创造良好的工作环境，促使员工自觉地把自己的一言一行与旅游形象联系起来，提供优质产品和最佳服务。

(2) 社会行为

社会行为主要包括公共关系活动、社会公益活动、专题活动、形象广告活动等。良好的社会行为识别，可以使社会公众了解乡村旅游经营组织的信息，产生好感和信赖，从而在社会公众中树立良好的形象。

3. 视觉识别系统

视觉识别是理念识别的一种静态表现形式，是理念识别系统的载体，它能准确而快速地传递旅游地信息和形象。VI 必须以 MI 为中心，服务于 MI。在旅游形象设计中，VI 的对象主要包括两类：一类是旅游地的景观视觉识别系统，是已有的旅游视觉形象，主要指自然赋予的自然景观和历史遗存，这是旅游地吸引力和旅游形象的根本，也是旅游地发展旅游的根本，其主要任务为"保护"，并从中获得启发；另一类则是根据旅游市场的需求设计而来的视觉形象，主要包括对旅游地及内部景区、景点在视觉识别上的基本要素和应用要素，如旅游地内的景区、景点以及相关旅游企业、机构的名称、标志等，即视觉识别符号。

(四) 乡村旅游形象的分类

1. 乡村旅游景观形象

乡村旅游景观不同于城市旅游,主要包括各种自然景观、人文景观、乡村布局、乡村标志等,是乡村旅游的主导吸引因素。不同的主题呈现出来的景观形象差异较大,如以观光农业为主的农业种植景观、以休闲生态为主的休闲农业旅游。

2. 乡村旅游产品及服务质量形象

乡村旅游产品同样包含旅游产品的六要素,即吃、住、行、游、购、娱六方面,围绕着六要素所提供的服务水平,从业人员素养是乡村旅游形象的核心内容。

3. 乡村旅游的社会形象

由于我国城乡二元结构给公众所带来的刻板印象,使得乡村在部分公众心目中还停留在落后、偏僻等层面。因此,游客在旅游过程中所体验和感受到的当地社会生活的各个层面的状况,包括基础设施建设、村民的精神面貌、社会风气、风俗习惯和村民对旅游者的态度等反映出乡村整体的生态、文化与文明。因此,乡村旅游社会形象在乡村旅游形象资源中占有举足轻重的地位。

二、生态经济视域下乡村旅游形象的传播与品牌建设

(一) 生态经济视域下乡村旅游形象的传播

1. 乡村旅游形象传播的主要特征

(1) 目的性

人类在传播活动开始之前就会制订出活动的计划,乡村旅游形象传播也是如此,具有明确的方向性和目的性。如某地在电视台做的地方旅游宣传口号,这是一种典型的旅游形象传播活动,希望通过响亮的口号向受众传达某地的旅游形象,取得宣传效果,吸引人群到某地观光游览。

(2) 互动性

近些年来,随着旅游业的发展和旅游竞争加剧,旅游信息的传播者和受传者两大要素之间的沟通和交流在增加。在实际的传播过程中,越来越讲究传播者和受传者的互动性,传播者和受传者的角色不断互换。在反馈过程中,传播者变为受传者,受传者变成了传播者。换句话说,传播者既是传播的单向进行的两端,又是双向沟通的回归。双向流动的过

程说明了传播活动具有互动性和动态性，传播者和受传者在互动中进行沟通和交流、信息共享的活动，失去互动性，传播的意义便不存在。

（3）体验性

"体验"是旅游传播最重要的特征。没有直接体验，旅游就不存在，直接体验是旅游传播最重要的特征。大众传播活动中，报纸、广播、杂志、影视等的传播不能带来真实的感受，旅游却能够，因为旅游活动存在直接体验。一切的深层沟通和理解不能仅依靠文字、图像、声音资料，而必须建立在脚步、目光、耳朵乃至整个血肉之躯全身心地投入才有显著效果。

2. 乡村旅游形象传播的主要内容

（1）旅游员工与旅游形象传播

乡村旅游地的员工，包括全体工作人员和管理人员，他们是乡村旅游社会使命、经营理念的贯彻执行者，全体成员的自身形象及和谐团结是旅游形象的第一要素。早期的管理理论认为，企业中的员工就是机器和流水线上的组成部分，其表现优劣只能通过劳动产品来衡量，工资就是换取工人劳动的代价，员工成为单纯的雇佣劳动者。随着生产技术的发展与管理水平的提高，越来越多的经营者意识到，员工是有血有肉、有思想有感情的人，他们是既有共性又有个性的企业真正的主人。

（2）旅游者与旅游形象传播

旅游者是乡村旅游面对的最主要公众，能否赢得旅游者是乡村旅游能否获得成功的关键。在市场经济社会中，乡村旅游要直接面对市场，面对旅游消费者，旅游消费者的重要性不言而喻。

消费者（个人或家庭）通过消费支出（货币与信用）取得为自身生活的维持和发展所需要的商品或资源（包括商品、服务以及信息在内的商品群），这就是消费行为。某一特定的消费主体，根据自己的实际情况、支出标准以及需求来分配自己的收入。一般先要确定收入中有多少用于消费支出，有多少用于储蓄，然后确定以怎样的比例分配衣、食、住、行、教育、娱乐等各项开支，最后决定在支出某笔费用时，如何从各种竞争商品中进行选择，以及选择哪个商店、哪个商标、多少数量等。影响乡村旅游者购买行为的因素是多方面的，但有一点是肯定的，即旅游消费者的购买行为与乡村旅游形象有直接的关系。

（3）政府部门与旅游形象传播

国家代表人民管理国民经济，而执行这一宏观管理权利的机构就是政府。乡村旅游地与政府部门发生多种形式的联系，政府部门就成了乡村旅游经营组织重要的外部公众之一。

政府部门作为比较特殊的外部公众，主要因为它是拥有权力的公众，是综合协调、宏观调节经营行为的权力机构。乡村旅游地是否受政府各级各类部门的欢迎，在他们心目中的形象，某种程度上关系到乡村旅游地的命运。政府部门对于乡村旅游地的评判，有他们自己的倾向和角度，了解政府部门的判别标准，从而描绘出受政府部门欢迎的旅游形象，无疑会有助于积极主动地搞好与政府部门的关系。

从政府部门的立场来看，受欢迎的旅游形象至少要具备以下的要求：一是以大局为重。从理论和宏观上说，乡村旅游经营组织的利益与国家利益是一致的，但是两者之间在具体问题上的矛盾在所难免，当经营者的自身利益与国家利益相冲突时，应坚持以国家利益为重，从大局出发，服从于社会经济环境的协调和谐，把自身的经济利益和社会责任统一起来。二是遵纪守法。国家政府通过各种法律、法令、条例、政策等来管理社会生活，规范个人与组织的各种行为。乡村旅游经营组织必须严格遵守法律、法令、条例、政策所限定的行为准则。如果经营者置国家法律法规于不顾，违法违规，如偷税漏税、违章作业、假冒产品、行贿受贿等，就无法得到政府部门的信任，难以树立起在政府公众心目中的良好形象。三是良好的经济利益。国家收入的主要来源是税收，国家依靠税收来发展建设、提高人民群众生活水平，有良好经济效益的乡村旅游经营组织自然更受政府的欢迎。

（4）社区公众与旅游形象传播

任何乡村旅游经营组织总是立足于特定的社区，与社区有着密切的关系。乡村旅游因为增加当地的就业机会，为当地政府提供税收而有利于当地的财政和建设，但乡村旅游组织的生产经营活动可能对社区公众也有消极影响，如对当地环境产生不良影响，打扰当地居民原有的生活规律和生活风俗。乡村旅游经营者要特别重视和社区的关系，加强和社区居民之间的相互交流，在社区居民中建立良好的形象。

3. 乡村旅游形象传播的主要策略

（1）乡村旅游符号传播

乡村旅游的理念需要通过一定的符号传递出来，旅游形象需要通过一定的符号加以传递。因此要设计出有新意的旅游形象标志，旅游特色在图案上的表现要鲜明、旅游标志的设计要简洁，需按照主题形象策划方案加以形象化的提炼创意。

（2）口碑传播

在社会化媒体时代，口碑营销传播的影响力不可小觑。现在吃饭、出行借助网友的推荐成为习惯，社交媒体为人际传播提供了良好的平台。因此，乡村旅游形象传播可以借助社会化媒体提高影响力，在借助社会化媒体进行乡村旅游形象传播的过程中，需要重视意见领袖的作用。另外，积极主动地建立自媒体，进行积极的形象传播有利于引导舆论，同时也为受众提供互动和交流的平台，要及时地关注旅游者信息反馈及建议，改进服务与设施，塑造更良好的乡村旅游形象。

（3）节事活动或公关传播

旅游城市的节事传播其实是旅游目的地吸引受众眼球的一种传播方式，事件的强大号召力可以在短时期内促使事件发生地的口碑获得"爆发性"的提升。节事即指有加强影响力的大型活动，包括国际会议或展览会、重要体育赛事、旅游节事以及其他能产生轰动效应的活动。

（4）整合营销传播

单一的传播方式不足以形成良好的传播效果。以电视、广播、报纸、杂志为主流的大众传播媒体给受众树立了更为可信的传播者形象，因此乡村旅游目的地在进行形象传播过程中可以充分利用传统媒体。然而，传统媒体的传播形式与覆盖面在网络的冲击下使得传播效果受到一定限制。社会化媒体的出现降低了传播成本，乡村旅游目的地可以利用社会化媒体形成乡村旅游目的地、传统媒体、旅游者三者互动的平台，实施整合营销传播。

（二）生态经济视域下乡村旅游形象的品牌建设

1. 旅游品牌的识别

"品牌"一词据说起源于19世纪早期盛威士忌酒的木桶上的区别性标志。随着时间的推移，品牌观念正如陈年佳酿，凝聚了丰富的内涵和迷人的魅力。

在营销学看来，品牌是用以识别一个或一群产品或服务的名称、术语、象征、记号的设计及其组合，以与其他竞争者的产品或服务相区别。

品牌是乡村旅游的无形资源。市场日趋成熟，市场竞争的重点之一是从有形的产品转到无形的品牌。品牌代表的品质以及旅游者对它的推崇，往往会使竞争者放弃进入市场的念头。销售渠道也往往更乐意与知名品牌打交道。旅游产品的价格被作为质量的暗示，品牌所体现的品质支持更高的定价，旅游者在许多情况下乐意为购买品牌产品而支付更多的款项。品牌的存在使旅游者的购买决策更容易，也更满意。旅游者会根据旅游产品品牌的象征意义做出选择，从而节省评判旅游产品的时间。著名的品牌凝聚着旅游者选择旅游产品想要掌握的各种信息，它是卓越产品、服务质量、企业信誉、高知名度和市场占有率等综合优势的象征，可以使旅游者买了放心，节省旅游者购买旅游产品所需的交易费用。旅游者购买品牌产品，还能感觉到一种自我满足的荣耀。

2. 乡村旅游品牌符号设计

旅游品牌符号的设计是对品牌识别系统的具体化。一个好的旅游品牌符号，能让旅游产品信息和品牌形象直达旅游消费者的心扉，产生不可估量的效力。

（1）旅游企业品牌的命名

乡村旅游要在一开始就确定一个有利于传达品牌发展方向和价值意义的名称。

名实相符。名称应准确传达乡村旅游的理念、经营领域和质量等级等实际情况。如宁夏"西部影视城"，是我国西部影视拍摄基地，也是宁夏著名的旅游景点，名与实高度统一。

易于认读。名称应简洁，好读、好记，容易传播，过于复杂的名称不利于记忆。如贵州有家山水旅行社，山和水是最普遍的自然景观，游山玩水是最典型的旅游活动，以山水作为旅行社的名称，不仅非常好记，而且具有旅游企业的特征，表达了山水旅行社"山一样的诚实可信，水一样的清澈明亮"的经营理念。

个性独特。名称应具备独特的个性，避免与其他企业或产品的名称相近或雷同。例如，我国修建的世界建筑和自然风光的主题公园，深圳有"世界之窗"，北京有"世界公园"，无锡有"世界奇观"，上海有"环球乐园"，雷同的名称使旅游产品缺乏一种识别力，事实上也就等于没有名称。

寓意深刻。名称能蕴含旅游企业或旅游产品的理念和品质。上海有一家旅游公司营业部重组成立一家旅行社，取名"新大陆"，经营理念、旅游线路随之焕然一新。南京的"状元楼酒店"，入座使人产生一种美好的联想。

（2）旅游品牌标志的设计

品牌标志能够创造品牌认知、品牌联想和旅游消费者的品牌偏好，进而影响品牌体现的品质与顾客的品牌忠诚度。品牌标志设计要选择特定的表现元素，运用新颖的创意和设计风格。典型的设计方法有两种：文字和名称的转化；图案的象征寓意。它们产生三类设计标志：文字型、图案型以及文图结合型。

乡村旅游品牌标志既要反映旅游行业的特点，又要反映乡村旅游的理念。标志所使用的图案和色彩要有特定的含义和代表性，要凝结乡村旅游无法用文字和语言表达的意义和内容，使人能从中感受到乡村旅游的形象特征。品牌标志要鲜明，简洁明快，富有个性。设计标志的目的是传达旅游产品的独特性和经营理念，设计应独具匠心，别出心裁，易于识记，让人看到该标志就会产生丰富的联想。品牌标志要优美精致，符合美学原理，或造型优美，或幽默逗人，富有感染力。各种宣传促销物品要使用统一的标志字。标志字是经特殊设计和规范使用的文字造型，可以强化旅游品牌的可识别性和传达渗透力。标志字的设计也应富于联想，以便强化视觉效果。恰到好处的色彩能激起人们精神上的愉悦感，使人获得美的享受，从而成为展示品牌的独特手段。一个成功的品牌色彩，"秀色可餐"，体现乡村旅游的个性和形象。一般而言，标准色的色彩以 1~3 种为宜，一旦确定则广泛应用于乡村旅游的标志、广告宣传品、办公用品、陈列展示中。

(3) 旅游品牌标志语创意

乡村旅游在建立品牌识别系统时，还要重视标志语的创意。品牌标志语既要展示品牌识别功能，又要为品牌提供额外的联想，强化名称和标志的意义。独特显著的标志语，可起到很强的差别化效果，有很强的可记性，对促销很有帮助。

3. 乡村旅游品牌建设的策略

(1) 以特色旅游吸引物凸显差异化

从某种意义上来说，旅游目的地的品牌就是目的地最具特色或优势的旅游吸引物的一个集中体现。乡村旅游吸引物的打造必须对游客产生足够的吸引力和感召力，并能够为游客带去他们所需的满足感。只有呈现出"唯我独有"的特征，并且让游客感知这种特征，才能保证乡村旅游在品牌建设过程中获得成功。乡村旅游与其他形态旅游的根本区别在于乡村旅游所特有的内涵——农业文化，因此，在塑造特色吸引物时，需要在充分利用村镇生态环境、特色动植物、农业生产等资源要素的基础上，植入具有本地鲜明地域特色的文化。这些资源要素可以使本地文化遗产、风俗仪式、节庆活动、传统手工艺、特色饮食等通过多形式、全方位真实地展示当地的特色文化，才能创造出具有持续吸引力和竞争优势的旅游吸引物，乡村旅游的品牌的价值才能持续发展、不断创新。

(2) 优质设施与特色服务

旅游设施包含了为旅游活动提供的所有服务设施，它是开展旅游活动的基础，也是游客顺利进行旅游活动的物质保障。高质量、高水平的服务设施是乡村旅游目的地塑造自身品牌的基础与必要条件。优质的乡村旅游服务设施并不是对豪华或奢侈的追求，而应该是对各村镇民族或民俗特点的凸显。同时，基于现代游客的需求。在构建具有地方传统特色服务设施时，应尽量满足游客的生活习惯，保证游客体验的舒适度。除硬件设施外，乡村旅游地提供的服务也是保证旅游目的地品牌建设成功的必要条件之一，游客正是在与服务人员进行互动交流的过程中才形成了对目的地的认识和看法，一支拥有专业水准和敬业精神的高素质乡村旅游服务队伍会给旅游者留下良好的印象。因此，应结合当地的特点与游客的需求，提升服务人员的专业技能和服务水平，让游客深切体会到真诚、专业和贴心的旅游服务。

(3) 规范经营者和本地居民的行为

在乡村旅游业发展的进程中，农户、协会、园区、企业等各类经营者为旅游活动创造条件，并负责提供游客所需商品和旅游服务，是游客感知旅游价值的最直接接触者。经营者的行为直接影响了游客对乡村旅游产品和服务的体验与感知效果，直接影响着游客的情感、利益。各经营者应积极创新旅游服务、提升服务水平和接待能力，给游客留下美好印象。在乡村旅游进行品牌建设时，需要让本地居民对品牌的内涵与价值有清晰的了解，并能够加以准确表达，从而使本地居民在与游客的沟通交流中更好地展示、传递本地乡村旅游的特色与收益。

（4）科学的政策引导和扶持

塑造乡村旅游的品牌，不仅是经营者与当地居民的责任，更需要地方政府立足全局，积极引导并大力扶持。政府应该能认识并确立本地乡村旅游品牌的本质与内涵，制定科学的宣传推广策略，引导区域内的所有相关主体统一思想和认识，积极参与到本地乡镇旅游品牌的塑造中。政府还应积极发挥导向作用，鼓励和吸引社会主体广泛参与，立足于旅游目的地品牌的定位，对本地乡村旅游的形象进行全方位的展示和推广，提升当地的知名度和影响力。

第三节 生态经济背景下的乡村旅游经营管理

一、生态经济视域下乡村旅游经营管理的原则与手段

（一）生态经济视域下乡村旅游经营管理的原则

国家鼓励乡村旅游资源的开发，因为这是促进农业发展、吸收农村剩余劳动力、增加农民收入的可取之道。乡村旅游经营管理应遵循以下三个原则：

1. 自愿和民主原则

对乡村旅游的管理要遵从农户的意愿，不能强行征用土地、水塘、住宅等来进行旅游建设。同时，对于所管辖的旅游景点、项目的管理，要保证充分的民主，尽量使全村人都参与进来，保证受益面。

2. 量力而行原则

不能好大喜功，在资源、经费不允许和条件不成熟的时候大兴土木，过度开发，使得前期成本投入过多而无法正常完工或者投入运营。

3. 可持续发展原则

不能只顾眼前利益，过度投入和开发，竭泽而渔，而是要从长远的利益出发，注重旅游资源开发经营的生态效应、社会效应和可持续效应。

(二) 生态经济视域下乡村旅游管理的手段

生态经济视域下，乡村旅游管理的手段，既有行政的，也有标准化的，还有法律法规、村规民约、社会监督等。

1. 行政管理

建立县（区）、旅游（农业）主管部门、乡镇、村四级行政管理体系。成立乡村专门管理机构和民间乡村生态旅游协会，具体负责业务指导、宣传促销、会员培训、活动安排、结算工作和受理游客投诉等。

2. 标准化管理

通过政府制定相应的旅游标准体系，通过企业自律、行业监督，严格执行标准，使乡村旅游具备为旅游者提供标准化旅游产品的能力，从根本上突破乡村旅游发展的瓶颈。

3. 法律法规管理

用法律法规规范乡村旅游，到有法可依、有章可循，促进乡村旅游的有序竞争，确保游客的合法权益和村民的基本利益不受侵犯，使乡村旅游的发展步入法制化、规范化的轨道。

4. 村规民约管理

在一些地方，基础卫生条件还较落后，可由乡村旅游领导小组牵头，征求村民的集体意见，制定与旅游业发展相关的村规民约，并将其变为村民的自觉行动，以提高村民的整体素质。

5. 社会监督管理

对乡村旅游者满意度和乡村旅游经营者及其产品做出调查，通过电视、报纸、刊物等大众媒体公布调查结果，利用社会舆论加强评价监督等。

6. 相关认证管理

逐步建立包括乡村旅游服务质量认证体系、乡村旅游服务资格认证体系、乡村旅游服务等级认证体系、乡村旅游卫生认证体系、乡村旅游安全认证体系、乡村旅游生态环境认证体系等。

(三) 生态经济视域下乡村旅游经营的手段

乡村旅游经营，既可自主经营、合约经营，也可以租赁经营。

自主经营是目前开展乡村旅游最常见的方式，也就是自己投资自己经营。采用该种方式可以获得长期稳定的经济效益。但是，经营中的风险也是不可避免的。原因是在经营的过程中还要继续投资，改善各方面的经营条件。

合约经营是两个或两个以上经营者联合起来共同经营。采用该方式可以避免大的投资风险，同时还可以根据乡村旅游市场的变化情况不断地扩大规模，形成规模效益。

租赁经营是把土地、建筑物及家具等租赁给有经验的人或专门企业经营。采取租赁经营可以在较小的投资情况下获取稳定的收入。但是，随着乡村旅游市场的变化有可能失去发展的机会和赚取更大的利润。

总之，乡村旅游经营者就是要不断地以顾客为中心，适时推出让客人得到实惠的灵活多变的经营方式，使乡村旅游经营显得有生机、有人气，最终赢得市场和占领市场。

二、生态经济视域下乡村旅游经营管理的模式与策略

（一）生态经济视域下乡村旅游经营管理的模式

乡村旅游的发展离不开政府主导，更受到市场的影响。在市场经济条件下，只有遵守价值规律的规则，才能加速乡村旅游的产业化，不断增强乡村旅游发展的动力。在当前乡村旅游的发展过程中，参与乡村旅游发展的主体主要有当地政府、旅游企业、村委会及当地农户等，根据他们参与乡村旅游发展的程度和作用，可以归纳总结为不同的经营管理模式。

1. 典型的乡村旅游经营管理模式

典型的乡村旅游经营管理模式主要有分散、自主经营模式，"公司+农户"模式，"社区+企业+农户"模式，村办企业开发模式这几种。

（1）分散、自主经营管理模式

乡村旅游的分散、自主经营，就是由乡村旅游资源的所有者来直接经营，在自发的基础上，由各个农户以单体农户为单位，分散地自主经营，项目的所有权、经营权合一，而不再通过委托或者租赁等方式交给外来企业经营。这样在一定程度上减少了由于所有权和经营权分离而导致的委托代理问题以及由此产生的一系列纠纷。其表现形式往往是在一个村庄，由许许多多的个体农户各自经营乡村旅游业务，一般没有统一的乡村旅游管理机构。

由乡村旅游资源的所有者进行直接的自主经营，一方面，有利于调动他们的经营和管理的积极性；另一方面，可以有效避免与外来者的冲突。此外，当地人对自有资源的保护

意识也比较强，而且由于对当地的乡村民俗、乡村文化了解透彻，他们在产品开发时，能够比较好地体现原汁原味的地方特色。

（2）"公司+农户"模式

"公司+农户"模式，通俗地说就是以公司（经济实体）、科研单位、各类农民技术或专业协会为龙头，以一系列的社会服务带动农村千家万户进行商品生产的方式，公司和农户签订合约，把生产环节交给农户去做，而市场和销售环节交给公司去处理，这样公司和农户两者优势互补，公司对市场信息的掌握比较充分，可以保证和开拓销售渠道，而由特定的签约农户来提供原料或产品，这既是农户的优势所在，也保证了公司稳定的原料或产品来源。

"公司+农户"模式以农户为基础，充分发挥农民群众的生产规模优势，它不同于工厂的地方就在于，不必在一个集中的厂房里生产，也不像车间流水作业那样高度的程序化和集中化，产品的生产或者服务的提供，是分散在各个农户中完成的；有一整套产前、产中、产后的服务体系，企业组织者要保证农民专业化生产的有效运行，为农户提供产前培训、产中指导、产后销售等一系列服务，可以说是"散而不乱"，整个生产和销售依然是有组织、有计划的。

（3）"社区+公司+农户"模式

"社区+公司+农户"模式是"公司+农户"的一种提升或改进模式。

"社区+公司+农户"模式中的"社区"是指作为社区代表的乡村旅游协会，由全部乡村旅游经营农户参加，一户一名代表，其职权相当于旅游公司董事会，决定村内一切有关乡村旅游开发的重大事件、任命并考核、监督旅游公司管理人员、审查财务状况等。"公司"是指的村办企业，而不是外来企业，它要接受协会委托，具体负责本村乡村旅游的经营业务，包括基本设施建设、对外营销、接待并分配游客、监督服务质量、定期与经营农户结算等。农户作为具体的服务单元，接受公司的安排接待游客，并定期与公司结算。

（4）村办企业开发模式

村办企业开发模式，就是由村一级的"村有企业"开发、经营的模式，实际上往往是由"村委会"主持的。在前期建设过程中，结合当地的资源状况，村委会拿钱聘请有关专家进行规划和设计，一般也是由村委会筹资组建公司，然后由该公司负责乡村旅游项目的开发建设。项目建设所需的资金可以由当地财政拨款，或者申请专项基金，还可以通过村民集资或入股的方式来筹措资金，村民也可以用自己的实物资产作价出资。项目建成后，除少数管理和技术人员可以考虑外聘以外，一般的服务和工作人员以当地村民为主。

2. 其他乡村旅游经营管理模式

乡村旅游经营管理除了上述四种比较典型的模式以外，还有一些其他的经营类型，有的是在上述模式基础上的变通和改进，有的变化比较大，以下重点讲比较常见的几种：

（1）"农户+农户"模式

这是乡村旅游初级阶段的经营模式。在乡村旅游发展的初期，农民对企业介入乡村旅游开发有一定的顾虑，大多数农户不愿把资金或土地交给公司来经营，他们更信任那些示范户，当示范户率先在农村开展乡村旅游经营并取得成功后，农户们会在示范户带动下，纷纷加入旅游接待的行列，并从示范户那里学习经验和技术，在短暂的磨合后，就形成了"农户+农户"的乡村旅游开发模式。

（2）"政府+公司+农村旅游协会+旅行社"模式

这一模式的主要特点是充分发挥旅游产业链中各环节的优势，通过合理分享利益，避免乡村旅游开发的过度商业化，保护本土文化的真实性，从而增强当地居民的自豪感，推进农村产业结构的调整。在经济相对落后、市场发育不很完善的地区，由政府组织，全盘把握，公司和协会协作，农民广泛参与，更有利于乡村旅游的发展，为农村困难群体提供旅游从业机会，最大限度地利用当地资源，保证农村生态旅游的地方性和真实性。

（3）"政府+公司+农户"模式

"政府+公司+农户"的模式，实际上是在发展的过程中，考虑到"公司+农户"模式中的风险，再次强调了政府的作用，可以说是政府引导下的"公司+农户"。也就是说，在乡村旅游开发中，县、乡各级政府和旅游主管部门会按市场需求和全县旅游总体规划，来确定开发的地点、内容和时间，发动当地村民动手实施开发，开发过程中政府和旅游部门会进行必要的指导和引导。在一些偏远的山区发展乡村旅游，由于当地村民的经验有限，获取信息的能力有限，相对公司来说处于弱势地位，这种政府指导下的"公司+农户"的经营模式，恰好能够在一定程度上克服上述弱点，因而可以考虑采取这种经营模式。

（4）个体农庄模式

个体农庄模式是以规模农业个体户发展起来的，以"旅游个体户"的形式出现，通过对自己经营的农牧果场进行改造和旅游项目建设，使之成为一个完整意义的旅游景区（景点），能完成旅游接待和服务工作。这种模式可以说是"农户+农户"经营模式当中那些示范户的发展方向，或者说是自主经营的农户在规模扩大后的发展道路，虽然没有什么模式上的创新之处，但也不失为乡村旅游经营综合化的一个方向。个体农庄这种农业生产经营模式，可以把农业家庭分散经营集中起来，形成一定规模，并按照现代工业的经营管理方式运作，实行企业化管理、专业化生产、一体化经营、市场化竞争，使小生产和大市场成功对接。这种形式使得先富帮后富，最终走向共同富裕的道路。

(5) "股份制"模式

为了合理地开发旅游资源，保护乡村旅游的生态环境，可以根据资源的产权将乡村旅游资源界定为国家产权、乡村集体产权、村民小组产权和农户个人产权四种产权主体。在开发乡村旅游时，可采取国家、集体和农户个体合作，把旅游资源、特殊技术劳动量转化成股本，收益按股分红与按劳分红相结合，进行股份合作制经营，通过土地、技术、劳动等形式参与乡村旅游的开发。企业通过公积金的积累完成扩大再生产和乡村生态保护与恢复，以及相应旅游设施的建设与维护；通过公益金的形式投入乡村的公益事业（如导游培训、旅行社经营和乡村旅游管理）以及维持社区居民参与机制的运行等；通过股金分红支付股东的股利分配。这样，国家、集体和个人可在乡村旅游开发中按照自己的股份获得相应的收益，实现社区参与的深层次转变。通过"股份制"的乡村旅游开发，不仅明确了产权关系，广泛吸收了各方面资金、物力、技术等生产要素，而且把社区居民的责（任）、权（利）、利（益）有机结合起来，从而保证乡村旅游的良性发展，同时企业也变成真正自主经营、自负盈亏的市场主体。

(二) 生态经济视域下乡村旅游经营的基本策略

1. 定位城市居民大众消费

成功的乡村旅游要立足于大众，将服务对象锁定在大多数人，以诚信去得到消费者认可。要针对性地发展顾客目标，适时推出众多、面广的大众消费项目，才可能生意兴隆。

农家幽静恬淡的田园风光，农家农村生活，以民间菜为主的农家菜肴和农家自制的家常小吃等，现已成为城市居民怀旧的一种情结，成为人们回归于大自然之中的一种精神享受。因而，乡村旅游必须针对自己的客户群体开发他们能够接受的服务项目。这就是乡村旅游存在的价值。把握大众消费的品位是乡村旅游的首选。例如，一些乡村旅游一般以每人 15~30 元或带住宿每人 50~80 元，这种经营是很有吸引力的。

2. 在"农"字上做文章

乡村旅游必须以农业、农村作为主要载体，因此，要突出一个"农"字。"乡村旅游"将农村俗物俗景加以开发利用，这本身就是农村资源的深度开发。农村的山山水水、田园风光、风土人情恰好满足了旅游者返璞归真、追求新奇的情趣。"乡村旅游"可以营造出家庭式的温馨氛围，容易实现"个性化服务"。

3. 创造乡村旅游招牌菜

主打菜肴往往是农家菜的招牌菜，是决定客源的主要因素。乡村旅游经营者应根据当地特产及自身条件去突出本企业的主打菜肴，或改良当地传统菜品，或借鉴外地制作手法，或研制出独家农家菜菜品，让客人去选择、品尝。例如，北京怀柔区利用当地的水资源开发虹鳟鱼一条沟项目，延庆县柳沟地区利用当地传统开发豆腐宴项目，均很有特色。

有条件的乡村旅游企业可通过三条途径创造招牌菜：

一是成立菜品研究小组。菜品研究小组一方面研究农家菜销售情况，随时提出改进意见，指导乡村旅游菜肴创新；另一方面在乡村旅游内部定期举行创新比赛活动，将其中创意新、口味好的农家菜充实到菜单中，并给予制作者重奖，调动积极性。

二是向外地乡村旅游学习。可派厨师到各地参观、交流，一方面引进一些新菜，另一方面也给他们自创菜带来不少有益启发。

三是请进来取经。聘请名厨来乡村旅游献艺，留下其精品菜点作为最新菜品。

4. 打造农家亲情服务

让顾客满意是每一位乡村旅游经营者追求的目标。"自然、淳朴"的服务风格，缩短了与顾客之间的心理距离；突出个性、亲情化的服务方式，让客人有一种回到家的感觉。亲情化的服务方式越来越受到更多客人的称赞与认可。"把客人当亲人"是当今不少乡村旅游企业的服务原则。凡进乡村旅游消费的客人，服务人员都要给他们以同样的亲情服务。服务要提高文化水准。服务人员对当地乡村旅游的自然风景、民间传说和民族风格等知识要全面了解、掌握，讲解中语言要曲折生动、幽默有激情，提高客人的游乐兴趣。

5. 不断创新服务项目

随着乡村旅游的发展，可以因地制宜创新服务项目。乡村旅游项目要不断推陈出新，变换花样，以便吸引更多客户。任何事物都有它的生命周期，乡村旅游项目也一样，有成长期、发展期，也有衰落期。这就需要不断创新，保持乡村旅游项目的吸引力。创新有两层含义，一是创造全新产品；二是在老产品的基础上挖掘新意，就是要做到自己的产品具有独特性，做到"人无我有，人有我特"。

第六章 乡村生态化旅游与农村经济增长

第一节 乡村生态化旅游与农村经济发展的关系

一、乡村生态化旅游与农村经济发展之间的关系

(一) 乡村生态化旅游与农村经济发展相互独立

1. 探究农村经济发展

对于农村经济并没有明确的概念,从字面来看,就是指某农村地区所有经济来源的总值,这些经济来源包括农业、林业、畜牧业等,也包括与这些农事劳动相关的单位或部门所带来的经济效益。在农村经济发展中,经济增长与经济发展是两个截然不同的概念,但是经常被人们混淆,通常来说,经济增长表达的是经济总值的增加,常根据国民生产总值与社会生产总值来判断。对农村而言,经济发展是指某一乡村或某个区域劳动力量与各类产品数量的不断增加,而农业在生产总值中的比重逐渐下降。某一乡村或某个区域范围内,劳动力量、就业水平、教育水平、社会保障水平都对经济的发展起着至关重要的作用。而农村经济的增长是经济持续发展的基础。经济不增长就更谈不上发展,经济发展也为其增长提供了条件。从各个农村的经济发展过程中不难看出,经济增长与经济发展是不可能独立存在的,这两者也是农村发展的基础与根本动力所在。只有发展才是硬道理,在农村的经济建设中,要充分协调两者间的关系,不能厚此薄彼。在此前提之下,大力发展乡村旅游行业,达到农村经济持续发展的目的。

2. 深入分析我国乡村生态化旅游产业

乡村旅游行业也逐渐向观光、休闲、学习、健身等方面发展,其综合性也越来越强。开发的项目包括以下几种类型:第一种类型是对自然景观与田园风光进行欣赏;第二种类

型参与性较强,以农庄、果园、茶园、鱼塘为主,目的是体验农家生活,增长知识与休闲娱乐;第三种类型以风土民情为主题,感受当地文化、民族风情等;第四种类型是以疗养与健身为主的乡村旅游,贴近并融入大自然,使疲惫的身心得到放松。目前比较热门的是为参与性较强的农家乐与民俗风情体验为主的几种类型。由此可见,我国乡村生态化旅游已经形成了自己独特的形式,走出了一条全新的旅游道路。乡村旅游受到广大游客的追捧存在一定的原因,随着我国社会经济的不断发展、人民收入和生活水平不断提高,大多数国民已过上了向往的小康生活。

(二) 乡村生态化旅游与农村经济发展相互促进

1. 乡村生态化旅游对农村经济发展具有积极作用

通常来说,来自城市的游客消费要求较高,现有的乡村环境很难满足消费者的需求。这就在一定程度上促进了商品经济的发展,乡村旅游所涉及的各个产业,都得到了有效的结合与发展。农村经济发展中,涉及的第二产业、第三产业较多,综合性也很强。乡村旅游中包含的农家活动与观光活动,都能够促进农业、交通、网络产业的升级与转变。近年来,各类蔬菜水果的采摘园成为乡村生态化旅游的热点,城市居民能够体验到前所未有的采摘乐趣,吃到新鲜的瓜果蔬菜,使村民的收入增加,促进了乡村农业经济的发展。乡村生态化旅游的持续发展给农村经济发展带来源源不断的动力,整体产业结构也得到优化。众所周知,我国属于农业大国,可见农民对于我国经济发展的重要性,随着科学技术水平的不断提高,更多的机械代替人工,使很多农民的就业成为问题,促进农民就业,就是经济发展的必然趋势。

乡村旅游的发展需要依靠完善的基础设施,而农村基础设施的建设需要乡村生态化旅游的促进。乡村生态化旅游经济的持续发展,离不开自然资源与生态环境的支持。而大多数自然资源都是不可再生的,在乡村生态化旅游的建设中,要注意环境与资源的合理利用与保护。为了农村经济的持续发展,要对乡村环境进行优化,尽最大努力保持自然资源系统的平衡与生态系统的循环。在当地政府与相关部门的引导下,对乡村生态化旅游所利用的自然资源进行规划,减少旅游活动对环境的污染,保持农村美丽的自然环境,促进本地区经济的可持续发展。

2. 农村经济发展对乡村生态化旅游的作用

农村经济的提高,给乡村生态化旅游提供了资金基础,可用于多种方面的建设,还可以加大乡村旅游的宣传力度,使其发展更具全面性。我国一些农村地区比较闭塞,在水、电、医疗以及教育方面存在许多不足之处。从发展的角度来说，如此落后的基础设施与经济条件，对乡村旅游是非常不利的。我国地大物博、疆域辽阔，很多乡村都拥有着独具一格的自然景观与浓厚的文化氛围，但因为这些基础设施的缺乏与经济的落后，游客数量很少。没有乡村生态化旅游业的带动，经济发展停滞不前，形成了一个恶性循环。基于这一现状，农村要积极开展招商引资项目，使交通、服务等方面的基础设施不断完善，使当地乡村旅游行业得到发展。农村经济的可持续发展能够带动产业升级，使商品经济渐渐走入村民的视野之中，村民可以为乡村旅游提供更多的产品。我国一直十分注重农业的发展，越来越多的科学技术融入农作物的种植和畜牧的养殖方面。动植物的品种越来越多，一些奇特的动植物也能够为乡村旅游吸引更多的游客，例如袖珍白菜、方形西瓜、无土栽培等。目前农村各行各业人才稀缺，为解决这一问题，我国推出了相关政策，鼓励大学生扎根基层，给农村的发展带来贡献。政策推出后，大量的大学生涌入农村，作为村干部、村医以及教育工作者，为农村奉献出宝贵的青春。这一举措实现了社会主义新农村的建设，培养了有文化的新型农民，为农村经济持续发展提供保障。

(三) 乡村生态化旅游与农村经济发展相互制约

1. 发展乡村生态化旅游对农村经济的影响

乡村生态化旅游从农业的角度来看，是一种全新的经营方式，改变了经济的来源，使村民收入得到提高。但事实上，这是对自然资源与生态环境的一种消费，其间产生的负面影响也是无法估量的。首先，若想使乡村旅游得到更好的发展，就要增加一些基础设施，例如车站、酒店、饭店、地下管道敷设、景观建设等。这些设施的建立，在一定程度上对农村地区原有的地貌造成了改变，甚至会破坏森林树木，形成严重的水土流失，这些破坏往往是无法弥补的。其次，在乡村生态化旅游建设中，没有结合当地自然情况进行合理规划。过于注重新项目的建设，而不将自然环境考虑其中，使建筑与周边山水格格不入，很难让人感受到美感。另外建筑垃圾若随意丢弃，将会给环境带来巨大的影响。更有甚者为了迎合城市居民的品位，对城市园林进行模仿，改变了乡村原有的生态环境，也失去了乡村自身的特点。目前还存在一些开发商为了眼前利益，不顾农村生态系统的承载能力，在乡村旅游的旺季，为抓住短暂的商机，大量出售门票，使乡村范围内人满为患，生态系统超负荷运作，最终导致系统崩溃，对乡村自然环境造成了不可修复的影响。乡村生态化旅游在招揽游客的同时，来往车辆越来越多，尾气排放量也随之增加，另外还会产生更多的生活垃圾。这些现象必定会对农村水源、空气、土壤等自然资源造成污染。最后需要注意的问题就是游客的不文明行为，近年来我国国民整体素质得到了提高，但仍然存在一些素质低下的人。另外相关学者也曾提出"道德感弱化"的观念，也就是说旅行是暂时离开自身生活环境的一种方式，在异地短暂停留的过程中就很容易使游客道德感弱化，这种思想感情的变化，会引发人们的各种不文明行为。面对这一问题乡村旅游的相关部门要设置专人对游客行为进行监督提醒，保证自然景观与环境不遭受人为破坏。

2. 农村经济发展对乡村生态化旅游的制约

乡村生态化旅游的建设同样需要依靠资金投入，其中包括民间资本与金融资本。目前来看，乡村生态旅游的建设与发展时常出现运转资金不足、资金来源单一等问题。为改变这一现状，首先要使当地政府与财政部门对乡村生态化旅游引起重视，加强对乡村基础设施建设的资金投入，并对其融资过程进行指导。对于一些环境保护的重点项目，当地政府应适当给予一些贷款补贴等。另外，要不断完善融资系统，逐渐将乡村生态化旅游的各个景区的产权、管理权与经营权分化，推动乡村生态化旅游建设向市场化发展，在不破坏环境的前提下，将自然资源最大限度转化为经济资源。进行大力宣传与招商引资，吸引社会各界资金的投入。同时为鼓励乡村生态化旅游建设，相关税收部门可实行一些优惠政策。目前乡村生态化旅游的很多方面还属于起步阶段，需要依靠政府的帮助、科学技术的应用以及社会各界的支持。还要注重人才的引进，并对现有工作人员进行培训，从环保知识、服务理念入手，提高乡村生态化旅游从业人员的整体素质，为其发展打好基础。

二、乡村生态化旅游对农村经济发展的影响

（一）乡村生态化旅游开发对农村地区产业结构的影响

1. 乡村生态化旅游概述

乡村旅游是指发生在乡村地区的旅游活动。乡村生态化旅游主要是指针对农村资源浪费、环境污染现象进行改善和整合的一种生态化旅游模式，目前来看并没有更具体的概念，其包括的内容非常丰富。在乡村旅游的最初阶段，人们对乡村旅游的认知不同，关注的是观光农业到农业旅游的转变，之后又转变成乡村旅游，这不难看出人们对乡村旅游范围由小到大的转变过程，这就需要人们对乡村旅游有更进一步的理解和认知。乡村旅游主要包括两方面：发生在农村地区的旅游和以农村为吸引力中心的旅游。乡村性还被作为一种分界标准，它具有三个特点：地广人少；土地主要被用来耕种，保留有原始的自然景观；继承了传统的风俗和文化。这样就会很容易界定，发生在农村的旅游不一定就是乡村旅游，乡村旅游和保护生态环境的生态化旅游是有区别的。乡村旅游的过程主要是观光、

享受和休闲，乡村的环境氛围是主要的吸引力，游客大多数是城市居民。乡村生态化旅游能够让农村居民获得更多的经济收入和提供旅游服务的收入，这样不但能够提高农村居民的生活水平和文化水平，还能够使游客和当地居民之间有很好的沟通和交流，促使乡村居民提高对家乡传统文化价值的感知，对打破城乡之间的结构差异也有巨大的作用。国内学者吸取国外乡村生态化旅游的经验，因地制宜，促进城乡之间协调发展，对城乡居民之间的人际关系和信息沟通有较好的促进作用。

2. 生态化旅游开发对农村地区产业结构的影响

乡村生态化旅游不仅能够实现农村资源的可持续发展，还能够改善农村地区人们的生活方式和生活水平，对人与自然的和谐共处起到很好的促进作用。"乡村生态化旅游"这一理念早在20世纪50年代就出现了，当时人们认为，乡村生态化旅游系统应该效仿自然生态系统，并建立相似的生态化系统。乡村生态化旅游符合国家政策，也符合科学发展观和可持续发展观的要求，更加符合当今社会发展的需要，这一理念为广大农村旅游业发展指明了前进的方向，是时代发展的新趋势，是国家和人民认可和提倡的朝阳产业。众所周知，乡村有美丽的田园风光，有很好的自然条件，若好好利用这些自然资源和当地的地理条件，便能够把自然环境的特征转化为经济发展的优势，把旅游观光转化为主要的生态化旅游模式。乡村生态化旅游模式的核心部分是美妙的田园风光，包括稻田、果园、菜园、山水、树林和田园等乡村自然风景。乡村生态化旅游对农村本地的经济影响主要来自农村旅游资源的生产和消费过程，旅游产品的生产和消费往往是同时发生的，游客带来的消费活动必然会对当地的自然生态环境造成影响，因此乡村生态化旅游将产生多方面的作用和影响，政府对其必须加以控制和改善。乡村生态化旅游的发展对当地的旅游区的作用和影响也是很复杂的，具有综合性，有些旅游区将耕地修成了停车场和娱乐场所，减少了耕地的面积，违反了国家政策，国内学者认为应该解决农村旅游项目占用农民耕地的问题，要建立健全对农民的补偿制度。

(二) 乡村生态化旅游发展对农村地区经济发展方式和收入分配结构的影响

1. 乡村生态化旅游对当地经济发展方式的影响

乡村生态化旅游的发展重点在于可持续发展，不仅能够增加旅游区居民的收入，还能改善居民的生活方式和生活态度，提高居民的生活水平和文化水平。通过游客和农村居民之间的沟通，能够提高居民对当地的文化价值的认识，这样不但能够打破城乡之间的结构差异，还能够缩小城乡之间的收入差距和素质差距，对城乡之间居民的交流有很好的帮助。目前来看，我国已经进入工业反哺农业、城市支持农村的时代，发展乡村生态化旅游是推动社会主义新农村发展的有效途径。我国是历史悠久的文明古国，但与国外相比，我国人口基数较大，农村占大多数，剩余的农村劳动力非常多，由于农村地区工业不发达，就业压力也很大，乡村生态化旅游的可持续发展能够很好地解决农村劳动力大量剩余和发展农村经济的问题，还能大幅度提高农民的收入，进而缓解国内经济发展的压力。乡村生态化旅游对当地的经济和生态环境有多方面的作用。传统的农村耕地作用单一，生产产品单一，虽然农民投入少，但是产出也很低，是一种很不合算的使用方法，通过对乡村生态化旅游的建设，能够促进农村经济效益的增长，提高农业的社会效益，并且增加农业的高科技技术，使我国的农村走上社会主义现代化农村的发展道路。

乡村生态化旅游是一项长期发展的项目，社会主义新农村发展需要与乡村生态化旅游发展相配合，进而做好合理的统筹规划。乡村生态化旅游涉及项目众多，其中最重要的是涉及农村地区人民的经济利益和当地自然生态环境利益，研制出一套合理的乡村生态化旅游管理体系是发展乡村旅游最有效的途径。其次，"三农"问题是否能合理解决也是我国社会发展的重点问题。乡村生态化旅游能够将乡村资源合理开发和利用，同时又有政府政策的支持，能够很大程度上提高农民的经营收入，这算是"三农"问题解决的一个重要突破口。建设乡村生态化旅游系统能够利于农村产业结构的整合和改造，为农村人民提供足够的就业机会。我国大部分农村地区仍然以种植业为主要产业，第三产业罕见，产业结构非常不合理，乡村生态化旅游的可持续发展，意在将部分剩余劳动力转移到第三产业，比如农村的手工艺术或者餐饮行业等。发展乡村生态化旅游，需要美化农村的田园、道路和周围的环境，需要整治不合理的产业布局，打造出错落有致的田园风光，此外增加绿色植物也可改善自然环境，进而达到乡村生态化旅游的可持续发展。乡村生态化旅游不仅能够带动当地的信息流通、资金流通、技术流通，还能够改善当地的投资情况，为招商引资增加吸引力。因此，利用乡村生态化旅游能够改善当地的产业结构，进而推动当地的经济发展，促进农村的城镇化建设。

2. 乡村生态化旅游对当地收入分配结构的影响

乡村是相对城市来说的，国内的乡村远不及城市繁华，属于不发达地区。发展乡村生态化旅游能够保障农村地区的合理建设和协调发展，农村的经济发展离不开经济发展理论的指导。美国最早提出了区域平衡发展论，这一理论指明平衡发展生产力，实现各区域经济发展平均，强调要加强农村地区的投资和建设，使得各区域生产稳定，发展平均。平衡发展论重点在于促进社会协调发展，缩小城乡之间的收入差距和维护社会和平稳定，有利于各区域产业协调稳定的发展。法国学者提出的增长极理论指出经济发展较好的区域依靠较好的产业供给，应该将综合条件好的区域发展成经济增长极，再通过增长极效应，进而推动周边地区经济发展。增长极效应包括金钱、资源等要素向农村聚集，其中的扩散效应包括生产要素向外分散，当增长极到一定程度后，极化效应便会减弱，扩散效应会占主导地位。乡村生态化旅游的可持续发展不仅能够促进城乡之间的沟通，缩小城乡之间的经济差距，还能够缩小城乡之间的文化程度差距。农村的文化风俗和自然风貌都是乡村生态化旅游得以发展的前提条件，其次就要发展农村的生产力，实现现代化农业。乡村生态化旅游目的是要改善农村的基础设施和自然生态环境，改善交通和通信等生活条件，从而提高农业综合生产力，发展特色农业，继承当地文化传统，另外，还需在当地政府的扶持下，使得乡村生态化旅游与农业协调稳定发展。发展乡村生态化旅游，通过建立城乡之间的沟通渠道，有利于政府扩大对农村地区的投资和政策方面的支持，能够促进资源和金钱等流入农村地区，促进社会主义新农村的全面发展。很多农村地区大幅度改善基础设施，全面整治了农村的面貌，这对农村地区的基础设施和住宿条件的优化起到了促进作用。

(三) 乡村生态化旅游投资对增加旅游资源附加值的影响

1. 旅游资源附加值的概述

旅游资源，是指旅游区域经营者为了迎合和满足游客的需要，利用自然环境和游玩基本设施所提供的所有服务的总称。大多数的旅游资源都属于服务产品，每个旅游区域的旅游资源都分为主体价值和附加值。其中主体价值就是旅游区域的主要服务项目带来的经营收入，附加值是指不同于主体价值的，并且用以辅助主体价值的辅助类服务项目，主要作用是给游客带来额外的身心愉悦的效果。比如一个旅游区，山水风景是旅游资源的主体价值，休闲和娱乐则是旅游资源的附加值，主体价值往往只有一个，然而旅游资源附加值可以有很多种。增加旅游资源附加值的方法大致分为三种：横向一体化、营业促销和差异多样化。某个旅游区的名胜古迹必然是主体价值，可通过在旅游区修建园林、花坛和水池等来增加景观服务的类别，从而增加旅游资源的附加值。人们都知道旅游度假村是很好的休闲娱乐场所，在这里静心休养是旅游资源的主体价值，通过在此旅游区增加棋牌、陶艺和沐浴等服务项目，增加娱乐的类型，从而增加旅游资源的附加值。

2. 乡村生态化旅游投资对增加旅游资源附加值的影响

乡村生态化旅游投资项目的主导者是当地的政府，政府的投资主要用以建设旅游区基础设施，这方面投入的金额很大，但收益不高，但这一环节是必不可少的，严重的关系到未来的旅游经营活动能否顺利开展。旅游资源附加值的种类很多，比如公园中的树林景点是旅游资源的主体价值，可在此旅游区域建设科普教育性设施（花草树木品名标签等），增加旅游服务项目，进而增加旅游资源的附加值。旅游经营商实行环保生产和环保服务，以整个产业体系面向旅游消费人群，在各个企业之间实行净化和循环的过程，并且各个企业之间物质资源循环使用，合理维持自身运转系统，意在节约资源、减少污染、保护环境，不仅能够实现各个企业之间的互利共生，还能够维护自然生态环境的协调发展，各个企业之间团结协作，共同推动社会主义新农村的发展，并提高农村居民的生活水平和游客的消费水平，进而增加旅游资源的附加值，通过旅游业系统的稳定运转，进一步实现乡村生态化旅游。

三、农村经济发展对乡村生态化旅游的影响

（一）农村经济的增长为乡村生态化旅游发展提供物质保障

良好的经济可以为乡村旅游提供充足的物质保障，首先它可以为乡村生态化旅游提供足够的资金支持，其次可以完善基础设施的建设，还可以保护传统的风俗文化，帮助乡村生态化旅游宣传，推进其更好地发展。

随着城市化和工业化的发展，在城市生活的人们更希望走出去，回到自然，感受乡村的气息，乡村生态化旅游就因此诞生了。这种形式的旅游地点是在农村，由农户来提供吃、住、玩等一系列活动，常见的活动场所就是农场、牧场等。这种旅游类型就是以乡村场所为主要的活动场所，以独特的生活风情、田园风光作为对象，其基本的形式就是依靠独特的农业资源、农村的自然景观和田园风光，主要针对城市居民的旅游区。

乡村旅游要得以可持续发展，经营者们应秉着生态旅游发展理念，保护本土原生态特色风景和气息，结合乡村原生态民族文化、原始自然风光、原貌历史遗存等乡村旅游资源优势与潜力，实行全域民族乡村旅游保护发展。乡村生态化旅游具有以下四个特点：

一是丰富的乡村景观。乡村生态化旅游以自然生态环境景观与人文景观为旅游资源，主要由田园景观、乡村建筑景观、农耕文化景观、聚落景观和民俗文化景观组合而成。包括以下几种乡村景观：①田园景观。田园景观是乡村景观最主要的组成部分，主要以农村田园、农业生产活动和特色农产品、自然水体或人工水体等经济区域为休闲吸引物，能够呈现不同特色田园主题观光活动的区域。②乡村聚落景观。乡村聚落景观呈现的是乡村聚落空间的组织形态，主要包括乡村聚落建筑、聚落社会空间、经济空间以及文化空间，它们共同组成了乡村聚落景观体系，彼此之间形成了既相互联系、互为渗透又相互区别的有机整体，从而表现其独特的旅游价值。③建筑景观。每个地区的乡村住宅都具有一定的地

域特色，往往是风格迥异的，常常会带给游客不同的感受。例如内蒙古草原的蒙古包、苗乡的寨子、黄土高原的窑洞。④农耕文化景观。作为历史悠久的农业古国，我国在长期的农耕实践中孕育了丰富的农耕文化，农民在进行农耕活动的过程中对自然植被、村落、农田、河流、渠道等进行利用与改造，并形成富于地域文化特色的农业生产形式，例如割破、烧耕、运水车、围湖造田等，自然景观和人文因素的共同影响而形成富于地域文化特色的农耕文化景观。⑤民俗文化景观。民俗文化景观与民俗文化相互关联，民俗文化景观可以说是特定民俗文化的外化形式，不仅集中体现在非物质形式层面，而且还包括民俗文化对古村落物质景观的约束和塑造作用，涉及人的食、住、行、游、购、娱、研、学等方面，是研究古村落景观的重要内容。古村落之悠久历史与丰富的民俗文化已深深植入其景观中，所以要深入探讨古村落民俗文化景观，就要对特定古村落居民的风俗习惯与村落环境之间的关系进行分析，这在全面建设"美丽乡村"的时代背景下显得尤为重要。

二是地区的多样性和时间的差异性。乡村生态化旅游资源主要来源于农耕形式、自然风光及传统的民俗。根据地区的不同，所具有的自然环境与传统文化也会存在差异，正是这种差异性才能满足不同游客的需求。具有典型文化特色的村落可以设计旅游观光项目，让游客体会不同的风俗文化。农业特点突出的地区可设计农业观光旅游项目，让游客参加农耕劳动。在乡村民俗文化浓郁的地区，可建立民俗文化区，开展一系列民俗文化活动，每一个民俗文化活动区域联合形成文化景观，打着提高乡村旅游的吸引力。另外，乡村生态化旅游具有时间上的差异，例如想要体会采摘的乐趣，就要在农产品成熟的季节才能得以实现，旅游目的地自身的特色以及旅游产品的生产周期等方面对游客来访旅游的季节性产生较为重大的影响。

三是具有体验性。乡村生态旅游为游客提供走进乡村、亲近大自然、欣赏田园风光、探访民俗文化、体验山水乐趣、享受生态休闲的好去处，游客不但可以品尝当地美食，还可以直接参与农业生产，例如体验耕地、播种、采摘、捕捞、烧烤等活动，在活动体验中感受淳朴乡野的气息及乡村旅游的魅力。

四是具有教育性。乡村生态旅游注重乡村旅游规模的小型化，以利于游人的观光质量且不会对旅游生态环境造成负面的影响。随着绿色环保理念的倡导和传播，可持续发展思想日趋深入人心，乡村生态旅游在给游客带来身心健康的同时，也具有启迪和教化的作用，游客在实际体验中领略生态旅游魅力的同时，更加热爱自然，有利于自然与文化资源的保护。

（二）农村经济的增长促进乡村生态化旅游产品转型升级

随着农村经济的发展，乡村生态旅游产品已成为区域经济发展带动下的一种新兴产业集群，农村经济的发展是乡村生态旅游活动依存的重要基础，为乡村旅游产业的发展提供了强大的推动力。而随着农村经济的迅速发展、经济发展质量的提升，乡村旅游产业的体系结构、表现方式等也发生了深刻变化。

1. 农村经济的发展促进乡村生态旅游产业增长方式的转变

乡村旅游产业是一种劳动驱动型产业，乡村旅游经济的增长很大部分是建立在对旅游资源消耗的基础上。随着乡村旅游产业发展规模的增大，使得环境遭到破坏、无数资源消耗等，已成为制约乡村旅游产品发展的因素，因而乡村旅游产业的增长方式亟待转变。农村经济的发展对乡村旅游产品增长方式转变的推动作用，一方面表现在对旅游产品生产能力的物化，促使旅游产品向更高级化不断发展；另一方面表现在人们对乡村旅游认识的变化，促使乡村旅游资源的开发要以游客为导向，对富有资源的发掘代替对稀缺资源的无限度利用。如今，乡村生态旅游产业增长方式的转变在很大程度上表现为乡村生态旅游与绿色农业经济发展相结合，该结合不但可推进农村经济产业结构升级优化，还可以为乡村生态化旅游的发展提供物质保障，在一定程度上促进乡村生态旅游产品的转型升级。

2. 农村经济结构的优化推动乡村生态旅游产业结构的转型与升级

产业结构的两个变迁维度主要表现在产业结构合理化和产业结构高级化。农村经济结构的优化对乡村生态旅游产业结构的调整主要表现为：农村经济既定国民收入结构的调整、供给能力或者物价水平的变化对乡村生态旅游产业结构产生影响、乡村生态旅游产业营业收入增量的发展改变旅游产业自身的构成比例。

农村经济结构的优化相继带动乡村运输业、餐饮业、加工业等其他行业的发展，从而也为乡村生态旅游的发展提供更多便利条件与保障。例如加工业应以发展环境友好型产业为基础，尽量降低能耗和物耗，以保护和修复生态环境为主要手段，注重发展循环经济和低碳技术，不断创新"互联网+农产品加工业"发展形式，在乡村农土特产品初加工、精深加工、综合利用加工、重大关键共性技术创新、集中区辐射带动等方面不断优化升级。

3. 农村经济发展质量的提升有利于促进乡村生态旅游产品功能的优化

乡村旅游产品的价值功能在很大程度上是由游客的消费需求得以实现的。在农村经济发展的推动下，游客需求呈现多样化发展趋势，个性化需求显得尤为突出，以"食、住、行、游、购、娱"为代表的六要素传统旅游需求已不能满足游客对旅游产品品质的要求。乡村生态旅游产品要以绿色发展理念和保护农民利益为出发点，除了开发集乡村生态观光、果蔬采摘、农事体验为一体的乡村旅游产品外，还要打造集生态观光、休闲度假、健康养生于一体的乡村生态旅游集聚带，从而促进农村经济增长，带动景区群众增收。农村经济发展质量的提升为乡村生态旅游产品功能的优化奠定了基础,促进了乡村生态旅游产品的个性化与多元化发展。

4. 农村经济发展促进对乡村生态旅游认知的改变

乡村旅游主要以村庄野外为空间,以人文无干扰、生态无破坏为特色而开展的旅游度假和休闲活动,目的是满足游客日益增长的休闲娱乐以及想要回归熟悉大自然的需求。农村经济的发展带动了乡村旅游行业的变革,人民生活水平的提高,人们对旅游的认知与体验发生了较大的变化,乡村生态旅游已成为人们一种重要的生活需求,且旅游支出在家庭以及个人消费中的比重也越来越大。随着旅游扶贫产业的深入和推进,乡村旅游已成为大众选择旅游出行的一种新模式及旅游消费的新亮点,特别是民族地区旅游因其独具特色的民族文化内涵和特色而成为乡村旅游发展的内核和核心竞争力所在。一方面,乡村生态化旅游是满足游客精神文化需求的一种较高水平的旅游体验,而精神与物质资料的消费和享受比重的不断增加也是衡量农村经济发展的重要因素之一;另一方面,农村经济的发展为乡村生态旅游创造了更为有利的条件,促进人们对乡村生态旅游认知的改变,有利于推动农村环境保护,推进美丽乡村建设。

(三) 农村经济的增长促进乡村生态化旅游服务质量的提升

1. 农村经济的增长促进乡村旅游目的地质量的提升

农村经济的增长促进乡村旅游目的地质量的提升首先体现在旅游基础设施的完善方面。农村经济增长的同时,乡村旅游基础设施的投入也将得到一定的改善,例如铁路、公路、水路以及乡村景区交通设施水平会得以提高。另外,旅游安全设施、卫生设施、医疗设施和环保设施也将更加完善。其次,旅游公共服务得以加强。例如乡村旅游公共信息、咨询服务、应急处置、投诉处理、紧急救援、旅游保险等乡村旅游公共服务体系也会得以完善,另外道路、景区等设施的标志系统和景区解说系统也将不断完善。其三,农村经济的增长,使农民收入得到提高,也有利于增强村民参与乡村旅游服务的意识,对推动乡村旅游生态环境保护型开发、旅游资源节约型经营管理、环境友好型消费以及对乡村旅游企业规范经营和打造良好的诚信经营环境起到积极的促进作用。其四,有助于乡村旅游产品体系的完善。农村经济的增长有利于乡村旅游产品科技含量的研发和提升,促进乡村生态休闲度假旅游产品、特色旅游产品的精品化和品牌化发展。

2. 农村经济的增长有利于促进乡村旅游企业服务质量的提升

农村经济的增长有利于促进乡村旅游企业服务质量的提升,首先乡村旅游企业质量标准的完善、乡村旅游企业服务质量手册的编制、乡村旅游产品特色的强化等方面，都需要资金的支持，农村经济的增长是该资金的重要来源。其次，乡村旅游企业在加强其质量管理和控制的过程中，需要建立符合本企业特色的乡村生态旅游服务质量信息收集、处理以及反馈机制，从而有利于加强乡村旅游企业服务质量的评估和改进。其三，农村经济的增长在一定程度上促进乡村旅游企业内部质量保证和外部质量保证相协调的乡村旅游企业质量保证机制。从内部而言，在组织、人员、措施和制度等方面促进良好服务质量的形成。从外部而言，促进乡村企业旅游服务质量责任制的形成。其四，农村经济的增长对提高乡村旅游服务人员的素质起到促进作用。例如在乡村旅游企业人员的岗前培训、在岗培训以及脱产培训等方面提供资金支持，对建立和完善乡村旅游企业员工的薪酬机制、激励机制和保障机制以及稳定乡村企业人才队伍、加强骨干人才和后备人才的培养都起到积极的促进作用。

（四）农村经济的增长为乡村生态化旅游提供人才支撑

在乡村振兴战略的具体实施过程中，各地区还制定乡村旅游人才培训项目，主要采用对内培训对外引进这两种方式。对内培训主要是对当地村民进行短期培训，使农民成为乡村旅游职业农民。对外引进主要是鼓励和支持农业龙头企业引进旅游规划、设计、策划、营销品牌等专业人才，成立乡村旅游人才智库，并鼓励大学生响应政府号召，回到农村就业和创业。农村经济的增长为乡村生态化旅游提供人才支撑，主要体现在以下三方面：

第一，农村经济的增长有利于旅游新产业的形成，从而促进乡村生态旅游新产业人才的发展，发展乡村旅游新产业、新业态，培育乡村旅游农业新动能是乡村生态旅游发展的重要举措。

第二，农村经济增长对乡村文化保护与传承方面的人才培养起到积极的促进作用。乡村生态旅游主要以乡村自然风光、生态农业产业、乡村文化风俗以及乡村生态环境为吸引物，让游客充分领略农村乡野风光、了解风土民情、体验农业生产劳作，尽情感受到回归大自然的情趣。在这一过程中，乡村文化风俗是乡村生态旅游的灵魂，而乡村生态旅游则在很大程度上成为乡村文化风俗得以保护与传承的重要载体。可见，乡村生态旅游与乡村文化风俗紧密相连，乡村生态旅游借助乡村文化风俗彰显其旅游特色，而乡村文化和传统民俗则通过乡村生态旅游这一形式得以保护与传承。在乡村振兴战略的具体实施中，乡村文化要得以保护与传承就需要一大批专业性强的高素质旅游人才，乡村振兴植根文化，在于人才。

第三，农村经济的增长促进人才双向流动，有利于建立长效就业机制。乡村生态旅游发展，人才是关键，农村经济增长打破了人才从乡村到城市的单向流动方式，促进人才双向流动。一方面，农村经济的增长给农村带来了更多的发展机遇与挑战，在吸引村民返乡创新创业的同时，也吸引更多有资本、技术和高素质的城市人口赴农村就业创业，这符合人才流动特点，并利于建立长效就业机制。另一方面，农村经济的增长，有助于提升农村就业的环境和待遇，有利于增强大学生前往家乡或者乡村就业创业的信心，积极鼓励和引导其就业创业。

综上所述，农村经济的增长为乡村生态化旅游发展提供物质保障，首先它可以为乡村生态化旅游提供足够的资金支持，其次可以完善基础设施的建设，还可以保护传统的风俗文化，帮助乡村生态化旅游宣传，推进其更好地发展。农村经济的增长促进乡村生态化旅游产品转型升级，促进乡村生态旅游产业增长方式的转变，同时农村经济结构的优化推动乡村生态旅游产业结构的转型与升级，农村经济发展质量的提升也有利于促进乡村生态旅游产品功能的优化并促进对乡村生态旅游认知的改变。农村经济的增长促进乡村生态化旅游服务质量的提升，主要包括旅游目的地质量、旅游企业服务质量、旅游行业自律水平、游客旅游素质等方面的提升。农村经济的增长为乡村生态化旅游提供人才支撑，有利于旅游新产业的形成，从而促进乡村生态旅游新产业人才的发展，对乡村文化保护与传承方面的人才培养起到积极的促进作用，促进人才双向流动，有利于建立长效就业机制。

第二节 基于协作博弈的生态化旅游业利益相关者分析

一、旅游产业利益相关者的界定

（一）旅游产业利益相关者的界定方法

1. 分析旅游产业的发展历程和利益相关者的关系

通过对旅游产业利益相关者的调查研究发现，对旅游产业主要利益相关者的动态分析也是旅游产业发展的一个重要组成部分。结合我国基本国情和旅游产业的发展现状，发现旅游产业的发展历程主要分为三个阶段：政府主导期、旅游产业发展期、旅游产业成熟期。在旅游产业的不同生命周期中，利益相关者的角色也有相应的转变。

（1）政府主导期

政府主导期是旅游产业发展的初级阶段，它的周期是从改革开放初期一直持续到20

世纪 90 年代中期。在旅游产业发展初期我国的旅游业经营的主要目的是外事接待，因此在这一发展周期中，旅游产业的经营和管理完全由政府主导。然而在这个时期，旅游产业的基础设施建设不完善，旅游产业缺乏科学的引导和管理机制，各项规章制度也不完善，这些问题只能通过政府来解决。政府可大力发展旅游业来促进当地的经济建设，解决当地人口的就业与贫困的问题，充分调动社会的各项资源，以旅游业来带动当地经济的快速发展。例如，在我国的中西部地区，旅游业是推动广大中西部地区经济发展的支柱型产业，担负着旅游扶贫的责任。在这一时期，政府的主要目的是招商引资，通过吸引外地投资商来投资当地的旅游产业，从而促进本地区经济的发展。政府也会对这些投资商给予多项优惠政策。因此，在政府主导期，首要的利益相关者是各大旅游投资商。

（2）旅游产业发展期

从国家改革开放政策实施以来，我国的经济秩序逐步完善，人们的生活水平逐渐提高。在此基础上，旅游产业得到了蓬勃的发展，旅游业的供给问题得到了解决。在这一时期，政府可不用完全主导旅游业的发展，而是采取引导方式，对旅游产业进行规范与管理。政府成立相应的旅游辅助部门，将一部分职能下发给旅游协会来完成，旅游协会应综合考虑当地居民和开发商的利益，避免他们之间因利益分配不均而产生矛盾。

（3）旅游产业成熟期

旅游产业发展到今天已经逐渐进入成熟期。在这一时期，旅游目的地的经济发展较为迅速，基础设施建设比较完善。政府将职能下发到各个部门，使各个部门各司其职，充分发挥自身的优势，达到了良好的效果。政府采取宏观调控政策对旅游产业的活动进行规范和制约。关注每一个利益相关者，推动旅游业的可持续发展。

2. 基于利益相关者角度促进旅游产业的发展

（1）制定中国旅游协会的行业标准

从旅游产业进入发展期以来，政府将部分职能转交给中国旅游协会来完成。中国旅游协会实际上是政府的权力部门，但是在实际权力的运行过程中，对旅游产业的管理和运营的权力仍然归政府所有，中国旅游协会的权力没有得到强化，这导致了中国旅游公司对旅游产业的管理和规范力度不够，利益相关者的利益无法得到有效协调。因此，中国旅游协会应尽早从政府机构中独立出来，便于更有效地发挥其拥有的职能。一方面，中国旅游协会需要协调与政府之间的关系，让政府将对旅游产业管理与执行的权力完全转交给旅游协会，政府对旅游产业的管理只起制约作用。另一方面，旅游协会需要协调利益相关者之间的矛盾。通过公平公正的行为规范来拉近各个利益相关者之间的关系，同时制定行业标准，对旅游产业的产品质量和服务质量严格把关，增强旅游协会的自律性。

(2) 协调利益相关者之间的利益

在对旅游产业发展过程的动态研究中可以发现,各个利益相关者之间存在着不可调和的矛盾,在政府、旅游企业以及其他利益相关者的三方博弈过程中,这种不可调和的矛盾就更加凸显出来。要解决这一矛盾,就需要建立一个三方制约的平台,即政府起到制约与监督的作用,对旅游开发商的行为进行规范,实行相应的奖励与惩罚机制,对遵守行为规范的开发商进行奖励,对违背政府决议与严重破坏旅游目的地的自然环境的开发商实行惩罚。开展培训与学习活动,提高旅游开发商的能力与服务水平。同时举办听证会、见面会等活动,邀请其他利益相关者前来参加,并对活动中的决策进行监督和评审,活动必须采取公平、公正、公开的方式。其他利益相关者要对政府和旅游开发商的旅游决策进行科学的评判,整个决策过程要通过媒体向大众公开,使政府和旅游公司接受社会舆论的监督和评判。

(3) 加大政府的宏观调控力度

旅游产业的健康快速发展,是各个利益相关者追求的首要目标。只有旅游产业朝着又好又快的方向发展,各个旅游利益相关者的利益才能得到充分保障。政府的宏观调控是旅游活动顺利进行的基础,然而除了政府的宏观调控政策以外,旅游产业的健康发展还离不开市场的导向作用。因此,政府需要弱化自身的经济职能,将部分经济职能移交给市场来完成,政府主要完成旅游产业的整体把控、结构调整、基础设施建设以及其他战略性和全局性的问题。政府需要对旅游产业进行科学的规划与引导,确定旅游产业在我国经济发展中的重要地位。对旅游资源进行科学合理的开发和利用,也要对旅游目的地的环境进行科学的监督和把控。在旅游产业发展过程中,要尽可能地保护好当地的自然景观以及自然环境,走可持续发展的道路。另外,吸引广大社区居民以及城市的旅游者参与到自然资源管理和环境保护的队伍中,激发整个社会的环境保护意识,同时建立环境影响责任制,对有意破坏当地自然景观的行为进行严格的惩治。

(二) 旅游产业利益相关者的划分

1. 政府

通过本文上述的论述可以发现,旅游产业是一个涉及范围广、复杂性和分散性较强的综合性产业,在发展过程中必然会遇到一系列问题,并且有许多问题是不可调和的,最突出的问题就是要协调好不同利益相关者之间的矛盾。在这一过程中,必须引入政府宏观调控机制,针对一些不可调和的矛盾只能由政府出面解决。政府在旅游产业宏观调控中的目的就是协调好各个利益相关者之间的关系,控制好他们的利益和矛盾。政府宏观调控机制引入的好坏直接决定了旅游产业能否顺利发展。政府在宏观调控过程中，可以通过以下方式来协调利益相关者之间的关系。首先，直接引入法律程序。法律是我国每个公民必须遵守的职责，政府可以通过建立相关法律来对利益相关者之间的矛盾进行调解，对那些不遵守相关法律的利益相关者实行惩罚。其次，加大基础设施建设。旅游目的地的基础设施建设是旅游项目顺利开展的关键，一些具有浓厚风土人情的地区尤其是乡村地区由于资金的缺乏和基础设施的不完善阻碍了旅游项目的开展。政府可以通过加大这些地区的基础设施建设来为这些地区的旅游事业提供支持。同时，政府也可以提供相应的鼓励政策和培训政策，由政府出面，定期对旅游产业进行相应的培训，提高旅游管理人员的能力和素质。政府也可以通过对旅游景点进行宣传以及指派专人来指导旅游景点的日常工作，直接或间接地指导和调控旅游景点的开发工作。

2. 旅游者

旅游者是推动旅游产业发展的主体和基础，没有旅游者就不会有旅游产业。随着人们经济水平的日益提高以及对精神层面的追求力度逐渐加大，旅游产业在旅游者的支持下迎来了很好的发展机遇，获得了很大的经济利益。与此同时，旅游者也获得了身体和心灵上的享受，这种利益属于非经济利益，在旅游活动中旅游者更多追求的是旅游产品的质量以及服务的质量。在这个过程中，旅游公司所要做的是满足游客的好奇心，为游客提供更高质量的服务，使旅游者得到身心上的享受。

3. 旅游企业

各大旅游公司是旅游产业中不可或缺的重要组成部分，是旅游活动的桥梁和纽带，对旅游项目的顺利开展起着重要的作用。随着我国社会经济和文化的发展，旅游者的数量越来越多，对旅游活动的质量和服务的要求也越来越高。这也给社会带来了新的商机，为旅游企业的发展提供了良好的发展机遇。旅游企业的主要任务是为社会文化环境注入多种多样的新鲜活动，提供物流和信息流上的服务，从而吸引更多的人流和资金流。旅游企业是系统性和专业性较强的企业，各大旅游管理者和相关从业人员可用自己的专业技能为游客提供他们所需要的服务。另一方面，旅游企业是以盈利为目的的经济组织，获得相应的经济效益是他们所追求的首要目标。旅游企业的发展为社会注入了新的经济来源，推动了社会朝着更高的层次发展。但旅游企业追求的经济效益最大化必然会导致其他利益相关者的利益受到损害，并且旅游企业对于旅游目的地自然资源和文化资源的利用承担直接责任，由于旅游企业的粗放式发展，自然资源和人文资源也会受到严重的破坏。

4. 当地居民

旅游公司是为旅游活动提供鲜活血液的经济组织，以极其丰富的内容和形式吸引了众多游客参与其中，丰富了旅游活动的内涵。然而，旅游公司参与到旅游活动中也产生了不少问题，在这些问题中，自然资源和社会资源的破坏占据首位，而旅游企业不承担直接的责任，对于这些问题的首要承受者是当地居民。随着社会的发展，旅游者所选择的旅游目的地，大多数是一些远离城市喧嚣，具有浓厚民族特色的旅游景区，当地居民居住在这种地区，对于外界的信息获取较为困难，经济发展缓慢。将这些地区发展成旅游风景区，会给当地居民带来可观的收入，可以说当地居民在旅游系统中也是利益主体，当地居民为旅游活动提供了社会环境和人文旅游资源。在一些旅游活动中由一些当地居民作为旅游活动的经营者和管理者，由另一些居民作为旅游活动的实施者。当地居民的能力与水平，决定了旅游业的发展状况，因此，当地居民要想获得更多的经济收入，就必须提高自己的能力和服务水平，这也在一定程度上推动了社会的发展。同时，由于当地居民对自然资源和环境资源破坏的承受，旅游业必须为当地居民提供物质和精神上的补偿，尽可能满足当地居民的利益诉求，提高他们参与到旅游活动中的积极性，当地居民既应该是旅游活动的参与者，也应该是旅游活动的主要受益者。

(三) 不同的旅游方式对利益相关者的界定的影响

1. 亲子游对利益相关者的界定的影响

众所周知，对于孩子的教育问题在家庭中占据了很大的地位，家长是孩子的第一任老师，启蒙教育对孩子的一生起着决定性作用。孩子更好地成长离不开德、智、体、美、劳的全面发展，在这一发展过程中，除了书本上的教育以外，户外的拓展活动同样至关重要。随着各个家庭经济条件的不断提高，各种新型的教育方式也逐渐映入人们的眼帘，孩子们由在家庭周边玩耍逐渐转变为到户外进行拓展活动。在这一背景下，亲子游的旅游方式应运而生。亲子游是一种有目的有计划的旅游方式，同时也是一种有效的教育方式。所谓亲子游，就是以家庭为单位，以教育孩子为目的制订的一种旅游方案。他们大多会选择历史古迹、国家名校或者独具地方特色的乡村场所，从而推动家庭教育的顺利开展。亲子游的方式不仅可以拉近家长和孩子之间的关系，同时，各地区的不同风土人情可以开阔孩子们的视野，从而改变他们对不同问题的看法，使他们增长见识，培养独立性思维。在这一旅游方式中，家庭中的孩子和父母是最大的受益者。孩子在童年中有良好的经历，不仅可以和父母开心地游玩，同时也获得了德智体美劳的全面发展。家长拉近了与孩子之间的关系，由孩子的管理者转变为孩子的朋友，可以给孩子带来更好的教育。以小家带动大家，在小家中进行无障碍的教育，为孩子以后的工作和生活奠定了坚实的基础，从而为国家培养出更多的高素质人才，为国家的发展做出了不可磨灭的贡献。因此，可以说亲子游的利益相关者首先是旅游者，其次是政府。

2. 游学对利益相关者的界定的影响

中国的教育体制是应试教育，学生的成绩直接影响了学生以后的工作和生活质量，成绩差的学生很难得到更好的发展。而国外的教育注重生活式教育，他们以有针对性的方式促进孩子潜能的挖掘和特长的培养。据调查发现，在国外工作的学生平均工资要高于国内的学生。因此，近些年来有很多学生选择了到国外重点院校游学的旅游方式。所谓国外游学，就是不同国家的学生到国外的重点院校接受教育的过程，在这个过程中，学生可以接触到来自不同国家的学生，交到不同的朋友，感受不同地区的风土人情，从而获取不同地区的教育资源，增长他们的见识，开阔他们的眼界。学生在游学的过程中还可以观赏到世界各地的著名建筑，从而扩大他们的知识面。这时候选择不同的游学地点尤为重要。不同的国家教育方式也截然不同，例如美国是以技能教育为主，大多欧洲国家是以工业和现代化设备教育为主，法国和意大利是以风土人情教育为主，澳大利亚是以音乐和话剧教育为主。学生对不同职业技能的掌握满足了国家对不同人才的需求。出国游学的学生通过在国外学习，听不同的公开课等方式可以提高动手能力和对事物的认知能力。通过国外游学，学生的工作不再取决于他们成绩的高低，而是取决于他们职业技能的高低，游学降低了他们学习的难度，并且可以使他们更容易找到适合自己的工作，从而提高他们的工作效率，提高生活品质。师夷长技以富强，出国游学的学生学习国外先进的文化和教育方式并将这些先进的理念带回中国，从而打开中国应试教育的枷锁，增强国家的经济实力和文化软实力。可见，游学的旅游方式的利益相关者首先是政府，其次是学生。

3. 蜜月旅行对利益相关者的界定的影响

情侣通常在婚后的一周时间，根据实际情况来选择蜜月旅行的地点，通常以十五天为一个周期。蜜月旅行通常标志着情侣之间新生活的开始。进行蜜月旅行的主要目的是拉近彼此之间的距离，为情侣之间提供一份比较特殊的回忆。蜜月旅行一般以二人自主旅行和参加旅游团为主，其中参加旅游团最为常见。在蜜月旅行的过程中，选择地点尤为重要，国内和国外均可。在国内，情侣通常会选择自然景观秀美或者民风民俗浓厚的地区。在国外，情侣一般会选择一些热带国家和一些生活节奏比较缓慢的国家。情侣到这些旅游目的地体验不同地区的不同文化，得到身体和心灵上的放松。蜜月旅行是婚姻美好的开端，如果婚后情侣一直过着一成不变的生活，最初美好的感受很容易逐渐丢失。旅游公司策划的蜜月旅行为他们解决了这一问题。各大旅游公司的发展减少了游客自主旅游的费用，并且为游客提供了更全方位的服务，使情侣间的蜜月旅行进行得更加顺利。同时，随着旅游产业的发展，我国的旅游公司越来越多，旅游公司的发展也带动了我国经济的发展，因此可以说蜜月旅行的利益相关者首先是旅游公司，其次是国家，然后是游客。

4. 乡村旅游对利益相关者的界定的影响

随着社会的发展，城市居民的生活节奏越来越快，工作压力也越来越大，他们需要选择一些远离城市喧嚣的地方去得到身体和心灵上的放松，因此城市居民将旅游的重点由经济发达的城市转为具有浓厚风土人情的乡村。在这一前提下，乡村旅游活动应运而生。乡村旅游企业要想获得更高层次的发展，就必须满足社会的发展要求，不断转变发展模式。据调查发现，当前乡村旅游活动的发展模式主要分为以下几种：一是森林公园模式。森林公园的景色秀美，空气清新。起伏的山峦和纵横交错的溪流，满足了人们视觉上的享受。其次，森林公园又以茂密的森林和舒适的气候环境符合人们回归自然的需求，成为人们休闲、度假、娱乐、宿营的理想场所。二是度假村模式。在度假村模式中，游客通常会选择利用长假到城市周边或者其他城市的度假村去旅游，停留的时间通常较为长久。度假村的环境十分优美，具有浓厚的特色，到度假村旅游成为人们度假的主要方式。三是野营地模式。野营地的旅游方式一般停留的时间较为短暂，是一种暂时性的户外休憩活动。旅游者一般会选择自驾游旅行的方式，在户外搭建帐篷、睡袋、小木屋等，享受大自然的美妙和乐趣。在野营地模式的旅游方式中，旅游者所选的旅游目的地通常是一些远离交通干线并且交通发达的郊区，环境优美，空气较为清新，具有良好的保健功能，旅游者不仅可以欣赏到优美的自然景观，同时也起到了养生的作用。和森林公园相比，野营地的面积较小，且靠近水源，大部分旅游者会选择城市郊区，也有旅游者选择荒地、草原，甚至沙漠地区。四是观光购物农园模式。近几年，人们对健康问题越来越重视，自己到果园或蔬菜园中采摘水果和蔬菜成为一种新型的旅游方式。游客可以品尝到自己亲手采摘的水果和蔬菜，同时感受到了劳动的乐趣，也可以将自己采摘到的水果和蔬菜赠送给亲朋好友，这是一种很好的沟通交流的方式。除此之外，乡村旅游，还有多种旅游方式，包括租赁农园模式、休闲农场模式、教育农园模式、农村留学模式、民俗文化模式等。这些旅游方式的利益相关者各不相同，其中包括游客、政府、农场主、旅游公司等多个部分。

二、旅游企业与旅游者之间的博弈

（一）旅游者的博弈

旅游者是指以娱乐为目的游玩的人，他们是我国旅游行业的主要构成要素，是旅游业的主体。旅游者在旅行的过程中对旅游消费方式的选择直接影响着旅游是否绿色环保，决定着绿色环保旅游市场的规模大小。我国对于绿色环保旅游的开发还处于探索阶段，旅游者的绿色旅游消费观念相对落后，因此需要对旅游者的消费选择进行深入的研究。我国需要不断培养我国人民的绿色旅游消费观念和行为，指导旅游者选择那些严格按照绿色理念进行经营的旅游企业产品。在旅行中，旅游者要注意减少自己留下的印记，注意不要破坏生态环境，尽量在当地购买旅游用品，注意保护生态环境的完整、生物多样性以及历史遗留财产的原貌，旅游者要用自己真正的行动去保护和发展我们共同的生态环境。是否有旅游动机是一个人是否外出的主观条件，而一个人产生旅游的愿望或对旅游有某种特别的偏爱都是决定旅游者能够顺利进行绿色旅游活动的必要条件，旅游者是否能执行绿色旅游也决定着旅游策略的复杂程度。事实上，旅游者在参与绿色旅游过程中产生的行为就是一场博弈。

第一种是旅游者自身两种思想之间的博弈。人内心中都有两个"我"，一个是主要关注自己利益和感受的"自私的我"，一个是会以大局为重、事事为他人考虑、必要时为大家舍小家的"高尚的我"。旅游者是否会产生绿色旅游的行为就是这两者之间博弈的结果：当"自私的我"战胜"高尚的我"时，旅游者会出现忽略环境的保护、肆意在自然景观上乱写乱画等非绿色旅游行为；而当"高尚的我"战胜"自私的我"时，旅游者会出现尊重旅游景区的要求保护环境、不随意丢垃圾、对旅游资源合理安排使用等绿色旅游行为。

第二种是不同时代旅游者之间的博弈。就目前来讲，这场博弈就是当今旅游者与今后旅游者之间的博弈。绿色旅游提倡保护生态环境的可持续发展，体现了公平的原则，即当今人们不能过度开发环境资源，而要为今后人们的生存和发展考虑，保证环境资源的完整以及可持续发展，促进我国优秀文化的传承。绿色旅游活动不同时代旅游者之间的博弈实际上是在有后代的人的情况下的一种博弈。当今的人注意保护环境资源、维护生态的完整性，那么今后的人就能够享受绿色生活以及自然文化遗产。反之，当今的人不考虑后代，大肆开采环境资源，那么今后的人将面临资源枯竭、生活中缺少自然美的环境。

第三种是旅游者之间的博弈。绿色旅游是一直给人们传递正能量的真实绿色旅游活动，而非绿色旅游则传递相反能量的虚假绿色旅游活动。如果每一个人都选择参与绿色旅游，那么旅游团体的每一个人都会得到更大的福利；可如果1号选择了绿色旅游，那他就会采用新型的、对环境没有破坏的能源和资源进行旅游活动，而2号不选择，2号就可以跟着1号，享受1号选择带来的成果。这样的现象导致最后每个旅游者都会产生错误的心理，他们认为不选择绿色旅游方式也会得到很好的福利，但其实结果是使得所有人都享受不到高福利。因此，旅游者要学会辨别真实的绿色旅游和虚假的绿色旅游，要自觉主动地采用环保和绿色的观念来引导自己选择绿色旅游活动。

(二) 旅游企业之间的博弈

旅游业的所有经济活动是在社会各部门和相关行业的共同作用下完成的，大致分为直接旅游企业、辅助旅游企业和开发性组织三类。在组织旅游过程中主要分为以下两种博弈：

一种是旅游企业执行绿色旅游与不执行绿色旅游之间的博弈。当前，我国政府对于旅游的规范和管理制度都不完善，对旅游者普及绿色旅游观念的教育不全面，绿色旅游市场也没有完全打开，仍处于初始阶段。旅游企业若想要开发绿色旅游的项目需要花费额外的资金，因为绿色旅游具有公开性的特点导致其他企业私下使用的问题很严重。因为不用花费一分一毫就可以使用其他旅游企业已经开发出来的绿色旅游景区，所以大多数旅游企业不想将更多的人力、物力和财力资源投入到绿色旅游的建设上来，而是想着"占便宜""坐享其成"，也就是只想利用其他企业绿色旅游开发新市场的成果，这就可能导致越来越少的企业会在绿色旅游的开发上投入资金并且暂时不再执行绿色旅游的活动和绿色旅游产品的开发。旅游企业执行绿色旅游与不执行绿色旅游之间的博弈结果是双方陷入僵局，绿色旅游的发展停滞，整个社会的旅游福利水平也不再提高。但从长远眼光来看，随着我国绿色旅游倡导者的增多，绿色旅游者也随之增多。绿色旅游的开发能大大提升旅游企业的竞争力和优势，因此会出现一批企业选择投入绿色旅游的开发建设中来。当非绿色旅游企业发现绿色旅游能给企业带来的可观利益时，博弈结果是那些非绿色旅游企业开始开发绿色旅游活动。

另一种是旅游企业开发的真实绿色旅游与虚拟绿色旅游之间的博弈，主要存在以下三种情况：第一，当采取虚拟绿色旅游方式的旅游企业获得的效益比采取真实绿色旅游方式的旅游企业获得的效益低时，博弈达到一个平衡，即旅游企业实施真实绿色旅游且旅游者选择绿色旅游的方式。对于旅游者来讲，他们选择绿色旅游的方式，如果旅游企业采取虚拟绿色旅游方式推销绿色旅游产品，旅游消费者便不购买，那么这个旅游企业就得不到绿色旅游的效益；如果旅游企业采取真实绿色旅游方式推销绿色旅游产品，旅游消费者便会购买，而该旅游企业也会得到相应的绿色旅游效益。除此之外，旅游企业的策略选择也是一个值得考虑的问题，若无论旅游消费者是否购买绿色旅游产品，旅游企业都选择采取真实的绿色旅游方式。换句话说，只有旅游企业采取真实的绿色旅游，那么旅游消费者便愿意购买真实绿色旅游产品，这就是该博弈的结果。第二，当采取虚拟绿色旅游方式的旅游企业获得的效益比采取真实绿色旅游方式的旅游企业获得的效益高时，旅游者与旅游企业之间的博弈属于策略选择问题，也可以说属于混合策略问题，并且这个策略选择比较复杂。如果旅游企业采取真实的绿色旅游方式时，旅游消费者应当选择购买，但也有一种与此相对应的情况，即在旅游消费者选择购买绿色旅游产品时，旅游企业却向旅游消费者提供虚拟绿色旅游产品，对于这样的情况，旅游者应当选择不购买，于是面临这样的问题，旅游企业又不得不选择采取真实的绿色旅游产品。如此一来，旅游者与旅游企业双方很难达到利益上的一致。第三，在以上所述的混合策略问题中，当政府机构或者相关法律对采取虚假绿色旅游方式的旅游企业加以处罚以达到虚拟绿色旅游方式获得的效益与真实绿色旅游方式获得的效益持平时，采取虚拟绿色旅游方式的旅游企业将会逐渐减少。

（三）旅游企业与旅游者之间的博弈分析

1. 旅游企业与旅游者之间博弈的原因

旅游企业与旅游者之间的信息不对等是导致二者之间博弈的原因之一，信息的不对等主要带来了以下两个问题：

第一，旅游者与旅游企业之间出现逆向选择。逆向选择指的是旅游市场出现的一种情况，旅游市场交易的一方（如旅游企业）若能够充分利用多于另一方（如旅游者）的信息资源使自己获得最大的利益而使对方的利益受到损失时，信息较少的一方（如旅游者）就不能对另一方（如旅游企业）进行准确的判断，因此很难直接做出买卖的决定，于是价格便失去了其平衡供求关系、促成交易的作用，从而降低旅游市场的工作效率。就我国来讲，因信息不对等而引起的旅游企业与旅游者之间的逆向选择是我国旅游产品质量不高、旅游行业利润率低的根本原因。旅游企业很清楚自己旅游产品的真正质量与直接成本，并且能够通过选择具体的终端项目和细微的规划旅游路线来改变旅游者的旅游质量。相对而言，旅游者除了模糊地认识终端产品以及旅游企业提供的旅游路线、旅游计划之外，对旅游产品的质量基本上是完全不知道的。这时，双方信息掌握出现不对等的现象，即一方掌握了关于服务质量的信息而另一方完全不知。但是一些理性的旅游者在做出旅游产品的购买决定时也并不是完全处在被动的位置。当这些理性的旅游者不能够充分了解旅游企业提供的旅游服务质量时，他们会根据自己对该旅游企业的已知平均旅游服务质量给出价格，这时旅游企业会根据自己了解的旅游产品质量以及成本信息决定是否接受旅游者给出的价格。当然，如果旅游者被告知他们给出的价格有些旅游企业不能成交时，旅游者会自动将接受他们给出价格的旅游企业划分到旅游服务质量差的企业中去，从而使这些企业的平均旅游服务质量评价再次下降，旅游者给出的价格也更低，如此恶性循环导致一些真实旅游服务质量较高的旅游企业产品因为预期的评价而退出市场。最后，能够成交的只有最低旅游服务质量的旅游产品，其他任何比最低旅游服务质量高的旅游产品都逐渐退出旅游市场，旅游者与旅游企业之间的逆向选择产生。

第二，旅游者与旅游企业之间产生道德危机。道德危机是指在信息不对等的情况下，旅游市场交易的一方参与人（如旅游者）不能时时关注另一方（如旅游企业）的行为或者当监察的成本太高时，一方行为的变化导致另一方的利益受到损失的情况。换句话说，旅游产品成交后，签约的一方不能够完全履行合约的条款或提供与合约不同的旅游产品，使自己利益最大化而让对方的利益受到损害。旅游企业与旅游者之间的信息不对等导致旅游企业诱导旅游需求。旅游企业的诱导需求主要是指旅游企业为了让自己获得额外的利益，有准备、有意识地向旅游者推荐昂贵的旅游产品或提供无用的、不合理的旅游服务。旅游企业要想使利润最大化，需要不断挖掘旅游者旅游的动机，这样才能对其进行旅游需求的诱导。同时，在信息不对等的现实情况下，服务和价格的决定权都被旅游企业牢牢掌控，旅游企业就具备了对旅游者的旅游需求进行诱导的条件。某些旅游企业巧妙地利用旅游产品的多样性和生产与消费的一致性等特性来解释自己旅游企业提供的旅游服务质量与宣传的服务内容不一致的原因。旅游产品的多样性和生产与消费的一致性使得旅游产品的服务质量没有办法设定一个统一的标准，不好控制，因此导致了旅游者与旅游企业之间产生道德危机。

2. 旅游企业与旅游者博弈的意义

旅游企业与旅游者之间的博弈具有一定的现实意义和理论意义。其现实意义主要有两方面：①我国的旅游行业处于发展的初始阶段，旅游行业中旅游企业与旅游者的研究也才刚刚开始。如果对旅游企业与旅游者之间的博弈进行深入的研究并将其得出的对应结果恰当地应用到旅游行业的发展中，有利于稳定我国旅游的发展，并推动旅游行业持续发展。②科学全面完整地对旅游企业与旅游者的利益进行深入的分析和探索，政府机构制定一套行业标准，能够促使旅游企业推销的旅游产品与交易后旅游产品的服务质量保持一致，为旅游企业的发展提供科学合理的方向，调解旅游企业与旅游者之间产生的矛盾。其理论意义也有两方面：①旅游企业与旅游者之间的博弈结果扩大了旅游行业研究的范围。旅游行业过去都是对旅游的概念、旅游系统的建设、旅游资源的开发、旅游环境的保护等方面进行探索和研究，但关于旅游企业与旅游者的利益分析这个对旅游行业发展有巨大作用的方面虽然也涉及，但是大多数关于旅游企业与旅游者的利益分析都是浅显的，缺乏系统深入的研究。将旅游企业与旅游者之间的博弈进行深入的研究并将其得出的对应结果恰当地应用到旅游行业的发展中会丰富旅游行业的关注内容。②旅游企业与旅游者之间的博弈拓展了博弈理论的应用领域。博弈理论因为其奇特的分析思路、精确给力的经济分析手段和系统科学的体系成为当今经济学界最热门的理论，它的出现使一些传统经济学理论解释不了的经济学现象得到更加令人信服的解释。博弈理论为我国旅游行业的发展提供了新的思路，并逐渐在旅游行业中应用理论化、系统化。

3. 旅游企业与旅游者之间的博弈方式

旅游企业与旅游者双方为了追求自己利益的最大化，都希望充分使用自己所特有的优势和资源来争取在博弈中得到自己想要获得的利益。旅游企业与旅游者都意图打破利益分配的原始格局扩大自己的利益区域，使自己的利益收获最大。旅游企业与旅游者就像产品的生产者与消费者，而旅游企业与旅游者之间的博弈就相当于生产者和消费者之间的博弈。旅游市场双方根据某旅游产品的购买达成协议，但旅游企业与旅游者之间不对等的信息、不一致的利益等因素会导致双方协议面临谈崩的可能，这就会对旅游企业的发展造成一定的不良影响。

旅游企业与旅游者之间的博弈方式可以从两方面表现。旅游者方面：根据自己的旅游需要，选择自己中意的旅游企业、旅游产品；在谈论旅游产品价格时与旅游企业讨价还价；在消费旅游产品的时候，为满足自己期待的旅游体验，要求旅游公司为其提供最大限度的旅游服务；在旅游过程中或结束后会对旅游企业提供的旅游产品质量进行评价，当旅游者感到哪里不满意会到当地的旅游管理部门进行投诉等。旅游企业方面：把获得最大化的利益作为旅游企业运行的目标，进行旅游产品的开发和推销；在开发旅游产品时是否做到保护生态环境会影响到旅游者的旅游体验以及对这个企业的评价；有些企业为了获得短期的经济效益，产生二次收费、强制高价购买纪念品等行为。

4. 旅游企业与旅游者之间的履责博弈

关于旅游中的旅行责任问题，旅游企业和旅游者都需要承担一定的责任，具体如下：

（1）旅游企业履行的责任

首先，旅游企业需要对当地居民负责。旅游企业在带领旅游者旅游的过程中会与当地的居民发生直接或间接的接触，旅游企业对当地居民负责主要有两个表现：①尊重当地居民的意见，保障他们的利益与权利，协助当地政府对当地居民进行旅游服务培训，提高当地居民的整体水平，在分配旅游获得的收益时要采取公平的原则进行分配；②为了提高当地居民的生活水平，在同等条件下在当地居民中选择工作人员，为他们提供就业的机会，增加他们的收入。其次，旅游企业需要对旅游者负责。旅游企业与旅游者之间的关系直接影响到旅游行业的发展态势。旅游企业也是我国经济市场的一部分，也需要像其他的企业一样严格遵守国家对本行业制定的相关法律政策，经营企业要符合法律的规定，不能做出违反法律的事情；坚决抵制一切不正当的恶性竞争；在旅游企业发展的过程中也要不断提升企业的整体服务水平、坚持诚信经营，不辜负旅游者的信任。最后，旅游企业需要对政府负责。主要表现为：旅游企业对于政府推出的关于旅游的政策或措施要积极地响应和配合；在政府允许的范围内开发旅游景点；要接受政府对旅游企业的指导和监督，营造一个政府与企业共促旅游行业发展的和谐氛围。

(2) 旅游者履行的责任

首先，旅游者需要对居民负责。许多旅游者去旅游区旅游是为了体验旅游景点居民的真实生活，因此，当地居民对旅游者来讲就是一种吸引力。旅游者在旅行的过程中会与当地的居民产生密切的接触，要想推动旅游健康持续发展，这就要求旅游者要尊重当地居民、尊重当地的生活习惯、风土人情、文化遗产等，这在少数民族旅游区极为明显。其次，旅游者需要对旅游企业负责。在旅游过程中，旅游者与旅游企业因为利益不一致会产生矛盾冲突。有些旅游者在签订旅游协议后会因过多地考虑到自己的利益或者在旅游过程中想要探索新奇刺激的旅游等原因而不遵守旅游企业的规定，导致旅游企业与旅游者之间出现矛盾，这不利于旅游行业的健康发展，因此，旅游者需要对旅游企业负责，若不满意或者有自己的看法最好在签订协议之前提出，一旦签订协议，就要遵守与旅游者签订的协议，配合旅游企业的计划安排，尊重旅游企业所付出的努力等。再次，旅游者需要对政府负责。政府机构管理旅游行业的主要目的是对旅游者负责，保障旅游者的权益，同时旅游者也需要对政府机构负责，要自觉遵守国家规定的法律法规以及政府制定的政策、措施并积极响应。最后，旅游者需要对环境负责。随着旅游业的发展，大量的旅游者涌入旅游景区，这将会对当地的生态环境造成一定的影响。我国的旅游行业发展晚，并且之前基本都没有保护环境的意识，基本上是哪里有旅游景区，哪里的环境污染就最为严重。旅游者来到旅游景区给旅游景区的生态环境造成了很大的压力，因此旅游者要对环境负责：自觉提升自身环境保护意识，在旅游的过程中要注意保护环境，通过自己的行动保护当地的环境，促进旅游行业的健康发展。

(四) 旅游企业与旅游者博弈后的均衡发展策略

旅游企业与旅游者所关注的利益点不一致以及双方的价值取向不同，经常会发生各种博弈现象。要想让旅游行业的发展更稳定，需要采取以下三点均衡发展策略，实现资源的合理利用：

一是利用经济学杠杆效应发展环境友好型旅游。政府在旅游企业开发环境友好型的旅游产品时可以实行信用贷款政策、土地使用政策、减少旅游税等比较优惠的政策吸引旅游开发商，从而建设环境友好型的旅游。

二是建立旅游者与旅游企业利益协调部门，促进双方利益平衡发展。在旅游行业中建立一个让双方相互牵制、相互管理的机制来平衡二者之间的利益，即政府可以通过对企业开发申请进行实地考察、审批，并在之后的开发建设中不断监督其开发行为，当发现开发中的问题时及时要求整改。同时，也可以通过媒体和大众的力量监督和评判旅游企业的行为。

三是扩大博弈理论在旅游行业的应用范围，促进旅游产业得到更好的进步。博弈理论还可以拓展到其他方面，如区域旅游合作开发之间的博弈；旅游企业之间的定价博弈；旅游企业之间的旅游产品开发博弈；旅游企业之间的旅游景区基础设施开发博弈；旅游企业之间的旅游景区资源开发博弈；等等。不仅要展示博弈的对象，而且也要在博弈后形成一定的均衡，更要提出促进旅游行业发展的有效建议。

三、旅游企业与景区居民之间的博弈

(一) 旅游业与景区居民的冲突分析

1. 环境方面的冲突

(1) 开发前期的冲突

旅游企业的发展离不开景区居民的参与，旅游企业在发展旅游业时所做的各方面工作都与景区居民密切相关。旅游企业在发展旅游业过程中会面临诸多问题，如占有土地、建设公共基础设施、旅游资源开发等，这都涉及景区区域范围内的相关资源占有问题。尤其是在农村发展旅游业，公共资源占有的现象格外明显。在农村，农民通过开垦土地、种植作物来获得主要收入，旅游企业为了发展旅游业会占用土地，使当地农民的生活变得困难，所以很多景区农民对于在当地开发旅游业都持反对意见，从而避免旅游业占用土地。当旅游企业开发拥有森林等特殊景观的景区时，企业势必会着重开发这些特殊资源，当企业占用这些农民赖以支持生计的资源时，很多居民会因为资源占用而失去经济来源，这也就致使景区居民会因旅游开发而难以维持生计。除此之外，在发展旅游业时，也会造成其他不良现象，景区居民也会因此相继与旅游企业产生冲突。

(2) 保护与开发的冲突

旅游资源的保护与开发是在旅游景区开发过程中不可避免的棘手问题，两者处于对立地位，这会直接导致旅游企业与景区居民之间的冲突。在生态环保的问题上，不论是自然环境，还是人文社会环境，旅游企业与景区居民之间都存在明显的冲突。

旅游企业为了从旅游项目中获得理想的经济利益，往往会在旅游开发过程中急功近利，不顾环境效益和社会效益，只关注能否取得令人满意的经济效益。而且旅游企业也会制订一些不合理的开发方案和旅游规划等，这些都会对景区生态环境造成严重的破坏。同时，旅游企业在发展旅游业中会因注重商品交易而过度商业化地开发一些旅游项目，使当地景区的社会主义核心价值观和生活环境受到过多商品交易的影响，过度的商业交易也会降低景区的空气质量并造成空气污染，过多的游客会产生噪音从而影响景区氛围，旅游中制造的垃圾会污染景区生态环境，这些都对景区生态环境和旅游资源造成不可弥补的破坏。大部分旅游企业会受金钱的诱惑，为了谋求更多的经济利益不惜做出损害环境的恶劣行为，企业由于缺乏正确的价值观，会对景区过度开发或是进行不当的商业活动，使得当地生态环境受到直接破坏。

2. 利益方面的冲突

在参与旅游业发展的过程中，当地政府、旅游部门、旅游企业、游客都是受益者，所以景区居民不是唯一的利益主体。这些受益者们的利益诉求各有不同，因此他们是不同利益的相关者，一个错综复杂又相连多变的利益关系网会在这些不同的利益诉求者之间形成。各个利益主体为满足自身利益需求，达到自己的目的，常常会因为他人影响而产生一些不必要的负面情绪，从而在他们之间产生冲突，也就是各受益者之间的冲突。

（1）利益分配的冲突

在景区的发展过程中，不同的利益者会产生不同的利益诉求。社会效益是景区所在地政府关注的重点，旅游企业工作的重心是提高经济效益。而景区居民既想增加经济收入，也希望通过旅游业的发展改善他们的生活环境，同时不会破坏当地的自然环境。然而，在发展旅游业的过程中，想要在提高经济利益与保护自然环境中做到两全其美可能性不大，两者往往会产生冲突。在参与过程中不同的利益主体都是相互联系的，他们会因为利益分配不均而产生冲突，主要存在以下三类利益冲突：

一是旅游企业与当地居民之间的利益冲突。在景区居民参与过程中，企业与居民的冲突是最为严重的利益冲突。在旅游开发前期，占用资源的旅游企业没有给景区居民合理的补偿。在旅游开发后期，快速发展的旅游业和大量增长的游客数量，会造成当地居民的生活空间被大量占用以及居民生活在拥挤的空间中等不良现象。在旅游收益分配时，旅游企业往往会忽视景区居民。景区居民因参与层次较低而得到较少的利益收入，与此同时，在旅游发展中若居民未能获得公平收益的保障，他们会因此产生敌对心理，到处挑衅滋事，对当地的旅游业发展造成严重影响。故这二者之间会因为利益不公平的分配产生纠纷进而引起冲突。

二是景区居民与管理部门之间的不合理的利益分配冲突。发展旅游的早期阶段，在旅游部门与景区居民二者之间尚不存在太明显的利益冲突，但随着旅游业的发展，景区的旅游收入大幅度增长，长期的旅游收益与短期的旅游收益差距会越来越明显，旅游部门和景区居民也会相应产生冲突。在前期旅游发展阶段，关于旅游资源转让问题中，景区居民作为直接受影响的主体，没能得到与市场价值等同的收益，从而造成政府与景区居民之间存在资源转让不合理的收益分配现象。在旅游业发展的中期，随着旅游业的收入逐渐增加，地方政府会干涉当地旅游业的发展与管理，从当地景区居民的旅游发展收益中谋取盈利，这就造成了相关部门与景区居民因为利益分配的不合理而相互争辩的局面，大大加剧了景区管理部门与景区居民之间的利益分配冲突。

三是景区居民与居民之间不合理的利益分配冲突。不同景区居民之间以及景区居民内部之间都会产生利益分配冲突。各自独立、各不相同的利益集体被称为不同区域的景区集体，它们在参与旅游业的方式、投入的力度、参与发展的程度等方面存在天壤之别，也就产生了不同的旅游收益分配，这就必然会导致不同的景区集体因为不合理的利益分配而产生冲突。虽然景区居民大多有相同或相似的背景，但对景区内的居民来说，不同居民在参与旅游发展的过程中，他们参与旅游开发的能力不同、参与开发层次不同、参与开发范围也是不同的；再加上景区内居民之间拥有的可开发资源并不平均，他们最终获取的旅游收益也会千差万别，他们之间会出现不均等的旅游利益分配现象。因此，景区内的居民常常会争抢顾客、非法竞争或采用其他手段来获取相同或者更高的旅游收入，扭转他们之间的旅游收入差距。

（2）长期利益与短期利益的冲突

景区居民在参与旅游发展过程中，时常存在长远利益与短期利益的冲突。

一方面，追求最大化收益是景区居民参与到旅游开发中最根本的目的。如果旅游开发无法给他们带来预期的经济收益，他们对旅游开发的态度便会发生翻天覆地的转变，他们会开始反对甚至阻挠当地旅游活动的开展，并通过损坏旅游基础设施、乱砍滥伐、私带游客进入景区、帮助游客逃票等不良行为，变相地获取他们想要的短期收益。这不仅对当地旅游企业的工作产生严重影响，也会妨碍当地旅游业的长期发展。

另一方面，由于没有制定完善的旅游相关管理体制，旅游企业与当地政府之间常常出现各自为政的现象，制定出一些不符合当地旅游业发展的战略，企业与政府二者之间相互脱节，互不理睬。政府一边宣称要大力发展旅游业，带动当地经济；另一边却通过急于求成的发展工业来获得可观的经济效益，通过牺牲景区资源与环境，破坏当地生态平衡来发展工业，谋取利益。

3. 管理方面的冲突

(1) 资源占有权利的冲突

在发展旅游业，开发旅游资源时，除了开发具有特色的旅游资源，还要建设相应的基础配套设施，这就必然会占用当地土地、河流、山林等一些资源。景区居民多是世代相承的当地人，他们的祖先、父辈都生活在这里，开发所占用的山川湖泊已经成为景区居民的生活资源，但在旅游开发时，旅游企业往往会禁止景区居民使用这些生活资源、占有他们的使用权等，引起景区居民与旅游企业之间因为资源权利问题而产生矛盾与冲突。

虽然景区居民应该听从旅游企业对他们的统一管理，但实际上，景区居民在潜意识上排斥企业对其管理。如果旅游企业不让当地的居民参与其中，景区居民就会为自己谋求参与机会，他们会想尽一切方法，通过直接或间接的途径参与到旅游发展中。比如他们可能私自从事旅游活动与游客进行低廉价格的秘密交易，也可能带领旅游者逃票，还可能恶意破坏景区内的环境和损毁景区内的设备，甚至是强迫游客购买一些游客本不想买的纪念品，与游客进行强买强卖的商业交易，扰乱旅游秩序，阻碍旅游业的发展。

(2) 居民社区与旅游社区的冲突

旅游资源是具有范围限制的，容易引起景区外的居民与景区内的居民之间产生冲突。景区内的居民拥有更多更好的旅游资源，所以他们比景区外的居民有更多进行商业贸易的机会，也能得到更多的收入，生活在更好的环境中。居住在景区外的居民会因为地域的限制，与景区内居住的居民有着不一样的生活，景区外的居民在收入水平、生活资源、生活条件等诸多方面都与景区内的居民有明显差别。但是在旅游业尚未发展时，景区内外的居民之间没有明显的收入差别与生活条件差别，随着景区旅游业的发展，这种差别越来越明显，差距越来越大。毋庸置疑，这种明显的差别定会引起生活条件没有变化的景区外居民的反感，没能从当地旅游发展中分一杯羹的他们会开始排斥旅游业，甚至通过一些非法行为来阻碍当地旅游业的发展。

在开发旅游业的过程中，旅游景区可以说只是该地区的一部分，是一个相对较小的范围。但由于在旅游发展过程中景区内外有不同的功能，景区内的居民会从整个大范围中独立出来，他们对整个地区的发展并不关心。在这种一个地区、两个群体、两种生活水平、两种生活环境的背景下，景区外的居民容易产生不满情绪，从而阻碍并破坏景区旅游业发展。

4. 文化冲突

(1) 本土文化与外来文化的冲突

景区传统文化是需要通过景区居民展示的，他们会通过物质、精神、传统风俗等来展示当地的传统文化。但在旅游发展的过程中，大家把更多的关注点放在旅游经济收益上面，不常考虑当地文化，也就忽视了当地文化因为旅游业发展所带来的变化。

一方面是旅游发展会冲击当地文化，并使其逐渐淡化。旅游业会将外面世界所发生的变化逐渐渗透到当地传统文化中，对传统文化的继承与发展产生潜移默化的影响，并对其产生冲击。传统文化不仅受外来文化的持续影响，其自身也在发生细微的变化，"涵化"现象越来越明显。因为不同文化的持续性接触、渗透，而造成其中一种文化发生文化变异的现象被称为"涵化"。"涵化"现象在国内的旅游地很常见，"顺涵化"是最普遍的现象，我们也可以称其为"适应"。在一些旅游地，景区居民通过人为地改造传统文化，从而迎合消费者的口味，达到他们的旅游目的，满足他们的心理需求，使景区更加富有吸引力，能够吸引更多消费者，间接加快当地文化的变迁。实际上，对景区居民来说，旅游者属于外来者，景区居民是景区的"主人"，游客是景区的"客人"，景区居民为了满足旅游者，迎合他们的需求，把原来保持完整的传统文化分裂成两部分：一部分是专门为旅游者提供的满足他们需求的文化，另一部分是景区居民自身仍要坚守住的且要一直执行的部分，使得旅游景区居民的传统文化出现一分为二的现象，变成能够吸引游客的文化。景区的传统文化因为这种"涵化"而四分五裂，前后分化，不断发生改变，最终甚至走向灭亡。

另一方面，在旅游发展的不同时期，本土文化和外来文化之间会逐渐发生变化，它们两者的地位可能会本末倒置，这两个不同的文化有着不一样的理念、不一样的文化地位，随着两者地位的改变，终将会引起本土文化与外来文化的冲突。

（2）游客与景区居民生活方式的冲突

旅游业的快速发展会改变景区居民原本的生活方式，也使景区居民的收入途径发生巨大的转变。一方面，随着旅游企业的大量兴起，它们成为景区内的新人，但是旅游企业往往会制定一些游客接待标准、建设一些旅游基础设施等，这些都会对当地居民的生活方式产生影响，而景区居民为了能够更好地参与旅游发展中去，他们开始被动同化或主动同化，他们原有的生活方式发生变化，变得越来越商业化。

另一方面，来自五湖四海的旅游者的生活方式与景区居民的生活方式有所不同，会对景区居民有一定的影响，对景区居民原有的风土文化、生活习惯、思想方式、三观等多方面发生潜移默化的改变，改变了他们原本的传统风气。

随着旅游业的发展，当地居民得到了可观的经济收入，他们有更多时间和精力来改善自己的生活环境，提高自己的生活，提升自己的档次。然而，往往会有一些景区居民把对待游客的生活标准当作自己的生活标准，他们的住房、饮食、服装饰品、三观等多方面都被同化了，这些肉眼可见的物质文化会令旅游者认为他们想看到的具有独特风格的景区已发生变化，不再是他们所期待的样子，景区特有的传统文化、生活方式、风俗习惯都发生了改变。旅游者为了感受不同的旅游经历，会放弃大众的旅游景点，转而去寻找小众的、独特的、尚未被同化的、更有自身特色的旅游出行地。然而这些新景区最终也会被同化，经历旧景区发展变化的历程，逐渐丧失自己的独特性。在旅游发展过程中这种常见的恶性循环，阻碍了景区对具有特色的生活方式的继承，也不利于旅游景区的发展。

(二) 旅游业与景区居民"友好合作"

1. 居民参与旅游业

居民主动适应旅游业发展，把自己看作旅游业发展过程中的主体之一，主动地、自觉地、全方位地参与到旅游发展的各个环节中，这个概念就是所谓的居民参与。

2. 景区居民与旅游景区发展联系紧密

景区居民与旅游景区共处于同一个空间，两者相互联系、相辅相成、相互促进、协调发展。通过当地旅游业的发展，景区居民可获得可观的收益，提高经济收入，改善自身生活，促进自身发展。在景区范围内进行旅游资源的开发，势必要依靠景区的资源与环境。景区居民不光是景区的主人，还是旅游业发展的受益者之一，同时他们可以为旅游业提供充足的劳动力。

景区内的居民是旅游快速发展的受益人，作为景区的一部分，他们有使用景区资源、管理景区、参与景区发展计划决策的权利，他们也有权利优先获得旅游收益。作为景区内资源的一部分，景区居民的人文风俗、言行举止、住宿饮食、穿着打扮等都深深地吸引着游客，有益于景区的旅游业发展。景区居民不仅可以为游客提供服务，还可以提供充足的劳动力。因此，景区居民与旅游景区之间的紧密联系，决定了景区居民参与进旅游业的发展中是大势所趋。

(三) 旅游业发展中景区居民参与的必要性分析

1. 有利于带动经济发展

国民经济新的增长点是发展势头强劲的旅游业，所以当前最重要的就是促进旅游地的经济发展，提高景区居民收入。只有景区居民参与其中，成为旅游发展过程的投资者、劳动者、管理者、获利者，才能实现这个目标。景区的旅游资源一般都是景区居民的生活资源，所以当地居民有权得到旅游发展中的利益。但是旅游地的经营者多为旅游企业，旅游地的投资者、管理者也多半不是景区居民,造成这种局面的主要原因是景区居民参与度不高。只有景区居民充分参与到旅游开发中,才能和所开发的资源密切联系,才能得到公平公正分配的旅游收入,从而避免出现旅游收入分配不公、收入缺失、掠夺性开发等现象。不论景区居民是自己经营、入股投资还是为开发商工作,都能使景区居民更全面、主动且深入地参与到旅游业的发展过程中,都能从旅游业发展所带来的收益中分一杯羹,提高经济收入,提升生活档次。旅游业的关联性明显、带动其他产业链发展的作用较强,而且也只有当景区居民积极主动地参与其中,贡献自己的一份力量时,才能充分发挥旅游业的关联性和对其他产业链的带动作用。景区居民在旅游业中的积极主动、全方面地参与,将会推动当地旅游业的发展,鼓励旅游业的发展,从而建设更多旅游基础设施、提高服务水平,在促进旅游业快速发展的同时带动其他产业链的迅速发展,将旅游业的乘数效应发挥到最佳。推动当地就业率,带动经济发展,维护社会稳定。旅游业的发展也可能会使景区内的某些产业止步不前甚至是彻底消失,这样可能会增加失业人口。因此,解决景区剩余劳动力就业问题是旅游业发展应尽的义务和责任。劳动密集型的服务性产业是旅游业的特点之一,因此就业乘数效应也格外明显。同时,旅游业对就业人员的要求并不太高,初级技能劳动者就可达到旅游业的要求,没有过高的劳动力上岗培训成本,因此旅游业可以充分地吸纳旅游地剩余劳动力,为他们解决工作的问题,实现充分就业。通过旅游地居民积极主动、全方位参与到旅游发展,能带动景区内居民充分就业,更好地获得旅游业发展收益。旅游地居民生活幸福、安居乐业,更有利于带动当地旅游业务的快速发展,维护当地社会稳定,更好地保护当地旅游资源。

2. 景区居民与旅游和谐发展的需要

旅游开发的强度随着旅游业的快速发展越来越大,有时甚至会超出旅游地的承受范围,容易造成开发过度的现象,直接或间接地降低旅游发展的收益。在旅游发展的过程中,作为旅游业发展主体的景区居民,往往被当作旅游业发展的对象,没能从旅游业的发展中获得太多的收益。只有衡量好景区居民与旅游业发展的关系,衡量好两者的平衡,才能确保旅游业与景区居民的和谐发展,合理地分配旅游发展过程中带来的效益。

作为旅游开发的受益方之一,景区居民拥有表达对当地旅游业发展观点和看法的权利。事实证明:在旅游开发与发展过程中,景区居民有着不可替代的地位,旅游业的发展容易受景区居民态度的影响。景区居民由于缺乏充足的知识、高超且先进的技术以及其他方面条件的限制,在他们参与旅游发展时,常常会与旅游企业产生一些冲突,只有公正合理地化解矛盾、解决冲突,景区居民才能更好地参与到旅游业发展中。

(四) 发展景区居民参与旅游业的途径

1. 解决好景区居民的投入问题

景区居民作为旅游业发展的经济人，只有将参与景区旅游活动的个人收益与成本进行比较，才能看到居民参与其中的好处。旅游企业应该引导景区居民，使他们意识到景区旅游的发展前景和潜在价值；应该重视居民参与的重要性，激励居民参与其中，并发挥示范带头作用。实现景区居民参与并获得可观收益的关键在于处理好居民对景区参与的预期回报问题。只有景区居民得到了预期的回报，景区居民才会更加积极主动、全方位地参与到旅游业的发展中。

2. 实现社区成本与收益协调

关于景区居民的收益与成本有4种类型：类型1，不集中的收益和不集中的成本；类型2，集中的收益和集中的成本；类型3，集中的收益和不集中的成本；类型4，不集中的收益和集中的成本。要想促进景区居民参与旅游的发展，类型1和类型2是可选方案，相反，如果选择类型3和类型4，景区居民参与旅游发展的效果会大打折扣。两种合理的分布是类型1和类型2，也是景区居民参与旅游业的最佳方案，但常见的出现较多的是第3种类型，这种类型容易引起旅游业发展和景区居民之间的矛盾。只有"成本—收益"协调，强调景区公平，才能在让景区居民参与旅游发展的同时，共享旅游发展的收益。

第三节　乡村生态化旅游对农村经济贡献率的对策与保障措施

一、乡村生态化旅游对农村经济贡献率的对策

(一) 发挥资源优势，实现产品升级

通常乡村旅游都会受到季节的影响，为解决这一问题，就要进行产品升级，减小旅游旺季与淡季的差异，增加收益。首先要升级乡村旅游产品，杜绝外界因素对其的影响，抓住游客心理，掌握消费理念，使整个乡村生态化旅游体系在实践过程中逐渐得到完善，并在激烈的旅游市场中脱颖而出，形成一个相对完善的体系。我国疆域辽阔，不同乡村地区都有不同的自然资源与生态环境，因此在乡村旅游开发中要求同存异，结合各个区域的特

点，进行具有针对性的旅游产品开发。乡村旅游产品可具体分为以下几种类型：第一种类型以休闲浏览为主，欣赏优美的乡村环境，贴近大自然，融入大自然，是一种原生态的休闲胜地。第二种类型有一定的约束性，以名人故居为主，是能够在旅游的过程中丰富知识的一款旅游产品。第三种类型以体验与保健为主，参与性很强，游客可以借此机会进行农事劳动的体验，其中包括种植、垂钓、放牧等。还可以开发一些保健活动，使乡村生态化旅游的养生性得到提高。第四种类型以户外活动与极限运动为主，目前真人CS、漂流、攀岩等都是备受欢迎的项目，这类旅游产品的开发一定要注意保护措施的完善，使游客放心地参加各项活动。乡村生态化旅游的开发与建设可以根据游客的需求和市场特点，适当增加一些具有互动性的活动，使乡村旅游产品更贴近自然、更具特色、更有观光价值、为游客提供更好的体验，同时促进消费使当地村民的经济收入得到提高。很多游客来到乡村旅游，不仅是为了观赏美丽的自然景观，也是借此机会使疲惫的身心得到放松，缓解城市生活带来的压力。各式各样的活动，让游客体验到收获的喜悦，改变了他们原有的生活方式。由此可见，不同区域的乡村都有其不同的特色，适合发展各个种类的乡村生态化旅游。一些特色的种植园，能够为游客提供采摘、观赏、BBQ等活动，还可以根据季节的不同使游客感受从耕种到收获的过程，加强农村生活体验的真实性，同时种植园的绿色农产品，可以进行销售，使相关收益有所增加。在社会经济急速发展的今天，人们的生活水平与生活方式都发生了巨大的改变。

（二）催生新型农民，促进农村就业

随着乡村生态化旅游的发展，越来越多的农民参与到旅游工作中，解决了巨大的就业压力，使当地村民获得稳定的经济来源。将当地劳动力一分为二，一种身份是农民，另一种身份是旅游服务者，结合乡村旅游行业以及农业的需求进行角色转换。由于乡村旅游行业涉及的范围较广，就业的村民年龄也各不相同，这种角色的转换，对农民自身也提出了一定要求，有效地促使了新型农民的出现。社会经济结构的不断改变，使农村不再只依靠农业来获取利益，同时科学技术的发展，很多机械能够代替人工进行农事作业，不但节省了人力，也提高了效率。在这种情况下，农业劳动所需的人员越来越少，很多村民面临着无事可做的隐形失业状态，所谓隐形失业就是拥有土地的农民，相关部门不会将其划为失业的范畴，既然不存在失业问题，当地政府对其的管控与干预就存在很多不足。基于这一现状，农村更多的年轻人愿意到周边城市进行打工，长此以往，会使农村劳动力大量流失，农闲时期甚至还会出现空心村的现象。因此，促进农村的第二产业发展是一项非常重要的工作。

（三）挖掘民族特色，打造品牌形象

乡村生态化旅游若想持续发展，一定要积极与当地旅行社以及周边景点进行合作，打造完整的乡村旅游体系。要使用一些营销策略，使其在激烈的竞争中处于不败地位。而最重要还是对当地民族特色的挖掘与自身品牌的打造。根据乡村独有的特色资源与民俗文化进行大力建设，并采用多种方式进行宣传，由于乡村地区的资金投入有限，可寻求当地政府与相关借贷部门的帮助。不同乡村地区的宣传重点与宣传方式也有所不同。例如名人故居，可以重视其后裔的祭拜活动以及独具民风民俗的旅游活动。网络逐渐普及的今天，网络中的乡村生态化旅游品牌建设是重要的宣传工作之一。网络营销要注意最大限度地吸入眼球，树立以环保绿色为主的乡村旅游形象，使游客数量得到增加。除此之外，还要明确乡村区域范围内所有的独特自然资源、原始生态景观以及特色文化。将这些优势合理利用，开发别具一格的旅游项目，打造自身品牌。如今已有许多地区乡村生态化旅游的发展取得了成功，在借鉴这些经验时，要注意不能生搬硬套，每一个地区的原始条件是不同的，要最大限度地保持乡村环境不受破坏，不能以生态失衡作为乡村旅游开发的代价。若想使游客有一个全新的体验，就要将当地的传统文化、风俗以及生活习惯等融入乡村生态化旅游的开发建设中，使旅游产品更吸引人，具有自己的品牌特色。随着游客数量的增多，势必会对乡村文化造成冲击，要尽量保证其原始性，不受外来文化同化。我国历史悠久，许多城市都有着自己独特的历史与人文气息，很多乡村也是这样。国民经济不断提高的今天，有的乡村地区成为社会主义新农村建设的试验点，通过乡村旅游行业的发展，使当地经济水平得到很大提高。滦平县某乡村以农业作为主要经济来源，在当地政府的指引与帮助下，开发了特色蔬菜种植项目，并鼓励村民积极参与到乡村生态化旅游的开发工作中，打造该乡村的特色品牌，成为承德一带最火爆的乡村旅游景点。在全国各地像滦平县中这样的乡村很多，它们在发展农业的同时，建设了集观光、体验、休闲为一体的乡村生态化旅游区域。在建设过程中，不但当地农村经济得到提高，还会带动周边许多产业的发展，达到了合作共赢的目的。

（四）坚持生态优先，发展乡村旅游

乡村旅游给农村经济的发展提供源源不断的动力，但要尽量避免乡村生态化旅游的商业化、雷同化以及对乡村环境造成的污染。这些现象对乡村旅游的发展都十分不利。很多地区在乡村旅游的建设过程中，对资源一味地开发，在这一过程中会出现许多生活垃圾，若这些垃圾不能够合理处理，则会对自然环境造成极大的破坏。乡村环境在超负荷的情况下进行开发,最终生态系统将全面瘫痪。过分追求利益的同时必然会使乡村生态化旅游越来越商业化,忽略了乡村旅游的最初目的。对资源无节制的开发与利用,使这些不可再生资源无法继续服务于乡村旅游,过度的商业化也会对当地的民风民俗传统文化造成冲击,使乡村生态化旅游失去其独特的优势,对其持续发展带来许多不良影响。要使乡村生态环境与乡村旅游共同发展,首先要对当地景点与自然资源进行合理保护。随着乡村旅游的发展,游客数量也将逐渐增多,而对游客在游览中所产生的垃圾进行处理成为一项重要工作。首先要将这些生活垃圾进行分类,分为可回收垃圾与不可回收垃圾。可以将粪便作为农作物的肥料,也可以将其投入化粪池作为燃料使用,其他可回收利用垃圾也是这个道理,在避免其对环境造成污染的同时,发挥最大价值。同时在发展乡村生态化旅游的过程中要坚持生态优先,从开发工作中的点点滴滴做起。可以将废弃的建筑物重新建筑装修利用,这在很大程度上节省了乡村的土地资源。增加乡村的植被覆盖量,并对乡村原始环境与野生动物进行保护。在乡村生态化旅游的发展过程中,要融入当地民风民俗与特色文化,给游客一种入乡随俗的感觉,打造独特的品牌,使乡村旅游持续发展,给村民带来更大的经济收益。在乡村生态化旅游漫长的发展过程中,受到许多误解,很多投资者认为乡村旅游是将娱乐方式从城市搬到农村,并没有看清乡村旅游的本质。事实上,乡村旅游出现的最初阶段就是以生态化为主,在旅游的开发过程中对乡村环境起到一定的保护作用。著名英国学者曾经给乡村生态化旅游下过定义,乡村旅游包含的范围十分广泛,它不只包括与农业相关的体验活动,还包括对大自然的了解、对生态环境的重新认识,一些参与性较强的活动,在丰富旅行内容的同时也具有很大的教育意义。游客在游玩过程中体会当地风土民情,获得全新的体验。我国学者也曾经对乡村生态化旅游目前存在的问题进行分析,绝大多数原因是开发者与相关工作者对乡村生态化旅游的认识不充分,生态观念薄弱。乡村旅游的突出问题,事实上就是环境保护问题,想要使自然、乡村旅游、利益相关者和谐发展,就要从环保意识与人文观念入手,做好协调工作。

(五)促进社区参与,实施可持续发展

乡村生态化旅游的发展对人们生活造成巨大影响,其中不但包括环境影响还包括文化影响,有正面的影响也有负面的影响。虽然不合理的开发建设会使乡村环境受到破坏,但为了旅游行业的持续发展也会对环境进行大力保护,乡村资源与劳动力有限,旅游业的兴起势必会对一些工业造成影响,形成此消彼长的趋势,工业污染的减少,使乡村环境得到了改善。利益相关者只有认清青山绿水才是乡村旅游发展基础的事实,才能更好地对资源与环境进行保护。若想使乡村生态化旅游得到发展,还要注重基础设施的完善,其中包括乡村的住宿环境、饮食卫生、医疗条件、交通条件等。基础设施的建设，不但方便了游客，也为乡村发展提供了物质保障，因此在这一过程中，需要社区与当地村民共同参与。社区与村民是乡村生态化旅游发展的重要组成部分，需要参与到旅游建设的方方面面。首先要参与到乡村旅游的规划与开发工作中，作为乡村的主人发表自己的观点。在建设与发展过程中，社区与村民也要肩负起环境保护和文化保护的重要责任，因为这片土地是他们赖以生存的家园，他们是自然资源与当地文化的继承者。在生态化旅游逐渐发展的过程中，社区要参与到管控与教育的工作中，无论是相关管理部门、开发商还是当地村民，都要使他们具有强烈的环保意识、服务意识与创新意识，只有这样才能够保证乡村生态化旅游的持续稳定发展。某些乡村虽然有很多可利用的资源，但是没有合理开发，虽然门票的价格不高，但对游客没有什么吸引力，这样的景点普遍评价较低。另外对于一些处于半荒废状态的景点，可以适当舍弃或转型，对具有特色的、开发性较强的景点进行集中建设，吸引更多游客的到来。根据当地资源特点进行旅游项目的开发，例如沿海沿江的乡村，可以发展水产观赏、养殖以及垂钓等参与性较强的活动。以农业为主的乡村，可以建设多种类的种植园与采摘园，使游客和村民们一起劳作，体验真正的乡村生活，体会收获的喜悦。另外还可以开展一些以教育为主的旅游活动，使游客了解更多的农业知识以及农业常识，尤其是一些小朋友，能够在体验过程中获取知识。乡村旅游的游客年龄范围非常大，要设置一些适合年轻人的旅游活动，使整个旅行更具娱乐性。攀岩、滑翔、骑马与越野都是年轻人比较喜欢的活动。乡村生态化旅游的建设，不能把工作重点放在某一个方面上，要做到均衡发展，并根据市场的发展趋势与游客需求，打造与众不同的乡村旅游，杜绝千篇一律的农家乐。乡村建筑也是体现其特点的重要部门，由于环境与生活方式的不同，很多农舍的建设风格各异，具有鲜明的地域风格，与城市居住环境的单一相比，也是吸引游客的一个方面。建立良好的形象与品牌能够有效招揽更多的游客，如今的宣传方式多样，不再局限于电视、报纸、广播等传统宣传方式，微博、微信以及各类旅游软件都是非常有效的宣传平台。乡村生态化旅游的宣传与营销工作，同样要跟随时代的步伐，掌握现代先进的技术。在乡村旅游中，参与创业的村民大多是中老年人，他们对先进的宣传方式并不了解，无法将自己的产品有效地推销出去。这就需要社区与相关旅游企业相互协作，指引他们进行营销工作，这些农家乐、民宿、饭店的出现，丰富了乡村旅游，对当地经济的发展也起到了极大的促进作用。根据相关统计，大多数村民参与乡村生态化旅游建设的积极性很高，但受文化差异、自身素质以及年龄的影响，在经济收益方面存在着较大差异。例如一些自主创业的村民开设农家乐，受经济条件的影响，一些农家乐规模较大、环境较好，这就对市场造成冲击，使一些小型农家乐无法生存，这种现象的出现使一部分村民失去参与的积极性,给乡村旅游带来了负面的影响。基于这一现状,相关部门与旅游企业要做好调解工作,减少这类冲突的出现,使乡村生态化旅游持续发展。第一步就得对恶性的市场竞争进行管控,对于发展中的弱势群体给予一定的优惠政策,多加指引与鼓励,为其发展提供资金基础,并对其专业技能进行培训,面对一些年纪较大的村民,他们的接受能力相对较慢,一定要有充足的耐心,进行细致讲解。这种管控方式不适用于农家乐的发展,对于乡村旅游的整个产业链同样适用。利用合理的方法进行调解与控制,营造一个和谐积极的工作氛围,只有团结协作才能取得更好的发展与更大的利益。

二、乡村生态化旅游对农村经济贡献率的保障措施

(一)完善乡村生态化旅游的制度保障

1. 完善管理体系和规章制度

乡村生态化旅游是以农村资源为基础发展,通过开发农村地区特有的自然资源或自然文化吸引各地游客,针对消费者的休闲、旅游、观光等需求制订方案,创新管理制度,理清乡村生态化旅游管理体制,合理利用自然资源。乡村生态化旅游随着社会的发展而变化,与时俱进。旅游企业管理下属部门较多,协调能力相对较差,宏观调控和监督管理存在一定难度,造成管理上的混乱,管理权和使用权不明确,概念不清晰,缺乏对旅游资源开发的科学规划和市场观念,如果各个因素不能协调发展,且没有相应的规章制度,很容易在管理上出现漏洞,也会出现级别越权或推卸责任等现象,严重影响农村经济的发展。乡村生态化旅游管理制度的缺乏,导致整个市场秩序紊乱,因为管理制度不到位会造成公共设施损坏、环境遭到破坏、为消费者提供的服务差等不良现象,使乡村生态化旅游遭受很大损失。

2. 完善乡村生态化旅游规划制度

对乡村土地进行正确的规划与合理的开发利用,为乡村生态化旅游的发展指明了方向,避免了发生自然资源过度开发、破坏和浪费等现象,也有利于制订生态功能区规划方案、土地合理利用规划方案、交通便利规划方案。只有合理利用水、电、煤气、交通等生活条件,并将基础设施规划好,才能推动乡村生态化旅游业的发展。在乡村生态化旅游规划中,要把乡村的餐饮、住宿、公共场所、停车场等各项配套设施与新农村的基础设施建设、公共设施建设相融合,打造整洁卫生、干净舒适的旅游环境,展现良好的村容村貌,促进乡村生态化旅游的健康迅速发展。舒适的生活环境、便捷的交通条件、整洁的村容村

貌，是乡村生态化旅游发展的重要保障。提升新农村建设水平，就是通过生活条件的改善，使各项设施建设和生态环境做出改变。不要盲目开发旅游项目，破坏生态环境和旅游资源，越完整的村落越吸引游客，保持本土的特色，与城市区分开，要城乡一体化，但不要城乡一样化，不要丢失乡村生态化旅游原有的价值，保持其对游客的吸引力。

（二）完善乡村生态化旅游的经济保障

乡村生态化旅游的迅速发展，带动了农村经济的增长，通过"农家乐""休闲度假村""景点观光"等旅游项目，使农村建设的经济实力有了极大的提高，农村地区的基础建设也有了很大改善，乡村生态化旅游在增加农村经济收入中起到了很大的作用，促进新农村与城乡建设齐头并进。

城市和农村之间还存在一定差距，乡村生态化旅游模式也面临巨大压力，加快乡村生态化旅游发展是提高农村经济水平的关键，我们必须在乡村生态化旅游和谐发展的力量下，带动农村经济发展。在乡村生态化旅游产业中，满足消费者的基本需求，是乡村生态化旅游发展的关键。现阶段乡村生态化旅游还存在很多不完善因素，如产业链不完整、旅游产品单一、服务体系未建立等问题，使得农村经济发展较慢。想解决这些问题，需要创新发展理念，多渠道营销，构建乡村生态化旅游经济体系。

（三）完善乡村生态化旅游的法律保障

1. 加强生态环境法律保护

生态环境对乡村生态化旅游的发展有很大的推动作用，比如气候调节、水源滋养、土壤改良、维持生物多样性等，这些都能提高乡村生态化旅游对游客的吸引力，促进乡村生态化旅游的持续发展。生态环境保护就是维护生态系统平衡，提升生态环境质量，加大生态工程建设，保持水土平衡，提高森林质量和覆盖率，加强环境整治，建设生态保护林和绿色通道。加强环境污染整治工作，重点整治工业水源和大气污染，深化农村环境综合治理工作，加大环境保护监管力度，提升乡村人民对生态环境保护的素养和意识。根据土地和水资源的利用情况，建设新型节能、节水等设施，提高生态资源的利用率，开发风能、太阳能等可再生资源，可以在乡村生态化旅游景点建造风能、太阳能路灯，节约资源的同时，也能提高乡村生态化旅游的技术含量。

2. 加强历史文化法律保护

为了彰显乡村生态化旅游地的特色，开发商尽可能地挖掘各种生态文化和地方风俗，因此要加大对古文化的保护力度，在挖掘的同时不产生破坏，实行保护性开发制度，保留原有的自然生态，建立长效的物质文化保护机制，引导和鼓励人们对民间艺术的传承和延续。保护乡村生态化旅游地景观的完整，禁止人为破坏行为，加大监督力度，必要时采取法律手段，引以为戒。

3. 增强环保意识，强化法制观念

乡村生态化旅游作为发展产业，已经造成对环境的特殊影响和积累性的破坏，因此，乡村生态化旅游一定要加强对环境的立法及管理，要严格遵守旅游相关的环境保护法律和法规，并针对旅游业对环境影响有持续性、累计性、潜在性的特点，完善有关规定。如增加针对乡村生态化旅游环境保护的税收，以用于修复破坏的环境等。地方政府及乡村生态化旅游主管监督部门应严格贯彻落实相关法律和法规，增强法律观念，比如要想开发生态保护区，必须依据环境法规，严格规定哪些地区可以开发，哪些地区禁止开发，以及可以开发的地区规模大小、什么季节可以开放和可以接待的人数要求等。还要明文规定哪些区域严禁携带火种，严禁狩猎和破坏花草树木，严禁丢弃个人生活用品和垃圾。对故意破坏生态资源的人，加大执法力度，让他承担对应的民事和刑事责任。此外，我国在乡村生态旅游的发展规划和环境保护教育方面相对较弱，乡村生态旅游是以发展规划争取利益为目的，因此很多旅游场所急于营业，从未实施任何环境影响评价。而且在很多旅游景点，没有任何宣传栏等设施。强调环境保护意识，导游在解说中也忽略了对环境保护的重要性和做法，还有大多数从事旅游事业的人员并未受过自然资源保护和道德意识的培训。因此，我们在发展乡村生态化旅游业的同时，应当树立生态资源保护意识，加强这方面的教育，对游客的自身行为进行严格规范。

总之，乡村生态化旅游在为游客提供休闲娱乐的同时，也希望所有人都能做到对生态资源和环境的保护。相对传统的旅游来说，乡村生态化旅游最重要的一点就是使生态资源能够可持续发展，做到生态化资源促进乡村旅游的发展，乡村旅游保护生态化资源，相互促进，共同进步，才能实现乡村生态化旅游业的持续发展，达到增加农村经济收入的目的。

参考文献

[1] 杨彦峰. 乡村旅游乡村振兴的路径与实践 [M]. 北京：中国旅游出版社，2020.

[2] 陆超. 读懂乡村振兴：战略与实践 [M]. 上海：上海社会科学院出版社，2020.

[3] 袁建伟，曾红，蔡彦. 乡村振兴战略下的产业发展与机制创新研究 [M]. 杭州：浙江工商大学出版社，2020.

[4] 孙士银. 乡村振兴战略背景下山东旅游扶贫研究 [M]. 长春：吉林大学出版社，2020.

[5] 徐敏. 新时代职业教育助推乡村振兴战略的服务体系及策略研究 [M]. 北京：北京理工大学出版社，2020.

[6] 肖凤良，唐元松，银锋. 新时代乡村振兴战略 [M]. 北京：光明日报出版社，2020.

[7] 张磊. 全面建成小康社会推进乡村全面振兴 [M]. 长春：吉林人民出版社，2020.

[8] 曹雄彬，傅贻忙. 新时代湖南省乡村振兴与新型城镇化的耦合协同研究 [M]. 北京：北京理工大学出版社，2020.

[9] 谌静. 乡村振兴战略背景下的乡村旅游发展研究 [M]. 北京：新华出版社，2019.

[10] 胡晓玲. 乡村振兴战略与乡村旅游研究 [M]. 武汉：华中科技大学出版社，2019.

[11] 高小勇. 乡村振兴战略下的乡村景观设计和旅游规划 [M]. 北京：中国水利水电出版社，2019.

[12] 周荣华，谭慧存，杨启智. 乡村旅游促进乡村振兴——成都农科村实践 [M]. 北京：电子科技大学出版社，2019.

[13] 王玉斌. 中国乡村振兴理论与实践探索 [M]. 北京：中国农业大学出版社，2019.

[14] 张金岭，宋军令，王海. 新乡建与乡村旅游 [M]. 北京：中国旅游出版社，2019.

[15] 栾峰，孙逸洲. 理想空间乡村振兴战略与规划建设实践 [M]. 上海：同济大学出版社，2019.

[16] 江东芳，吴珂，孙小梅. 乡村旅游发展与创新研究 [M]. 北京：科学技术文献出版社，2019.

［17］王遂敏. 新时期乡村振兴与乡村治理研究［M］. 北京：中国书籍出版社，2019.

［18］彭震伟. 乡村振兴战略下的小城镇［M］. 上海：同济大学出版社，2019.

［19］朱乐敏，沙洁丽. 我国乡村旅游经济发展的问题与对策［J］. 中国高新区，2019（4）：5，7.

［20］张红云. 乡村旅游经济发展研究［J］. 经济视野，2019（4）：61.

［21］王秋爽. 试论我国乡村旅游经济发展的问题与解决对策［J］. 魅力中国，2019（5）：97.

［22］衣傲飞. 智慧旅游环境下的乡村旅游经济发展新模式［J］. 消费导刊，2019（39）：74.

［23］王伟彬，黄思敏，梁燕平，等. 乡村旅游经济发展规划探析［J］. 旅游纵览（下半月），2019（7）：149-150.

［24］王小艳. 对乡村旅游经济发展的探索与思考［J］. 商场现代化，2019（20）：181-182.

［25］赵祎. 乡村振兴战略下乡村旅游经济发展探究［J］. 广告大观，2019（5）.

［26］冯学芳. 乡村振兴战略背景下乡村旅游经济发展分析［J］. 商场现代化，2019（16）：118-119.

［27］齐钊霆. 乡村旅游经济的发展与新农村建设研究［J］. 社会科学（全文版），2019（3）：176.

［28］熊壮. 乡村振兴战略背景下乡村旅游经济发展分析［J］. 当代旅游（下旬刊），2019（10）：46-47.

［29］郭秀娜. 乡村旅游经济的发展与新农村建设研究［J］. 现代营销（下旬刊），2019（1）：19-20.